大谷翔平

勇気をくれるメッセージ80

追手門学院大学特別顧問
日本スポーツ心理学会会員
児玉光雄

三笠書房

2021年5月5日、エンゼル・スタジアムでのタンパベイ・レイズとの試合に先発投手として出場
©Sipa USA/amanaimages

2021年10月3日、最終戦のマリナーズ戦の初回に、先頭打者として第46号ソロホームランを放ち、チームメイトに祝福される大谷　©共同通信社/アマナイメージズ

2021年9月25日、同僚が選ぶチームMVP&最優秀投手賞をダブル受賞した試合前のセレモニーで、ショートのルイス・レンヒフォと拳をぶつける大谷　©Sipa USA/amanaimages

2021年6月30日、ヤンキー・スタジアムでのニューヨーク・ヤンキースとの最初のイニングで試合から外されたあと、彼の通訳である水原一平氏（左）を通してマネージャーのジョー・マドン（中央）と話す大谷

2021年9月26日、ホームでのマリナーズ戦に先発した大谷。7回10奪三振5安打1失点と好投したが、味方の援護なく10勝目はならなかった　©共同通信社/アマナイメージズ

2021年9月7日、対パドレス戦の前にダルビッシュ有投手との写真撮影に応じる大谷
©共同通信社/アマナイメージズ

2021年9月21日のアストロズ戦に二番・ＤＨで出場した大谷は、8回の第4打席で右中間へ第45号となるソロホームランを放つ　Ⓒ共同通信社/アマナイメージズ

特別付録　人生に奇跡を起こす「目標設定シート」

大谷翔平の数々の言葉を紹介する前に、まずは彼が夢を叶えるために活用した「目標設定シート」を見ていただきたい。

ひょっとしたらあなたが本書を手に取った動機は、単純に「大谷翔平」という人物への憧れであって、彼に並ぶような大きな夢を自分も実現したいとは考えていないかもしれない。そのような方は冒頭のこの部分は飛ばしてくださっていい。でも、大谷という選手に憧れるということは、どこかであなたも、自分の可能性が大きく開花することに期待しているのだと思う。

その可能性は確実にある。だからこそ、ぜひとも彼が実践したこの方法は知っておいてもらいたいのだ。

このシートの原型は、「マンダラチャート」と呼ばれ、経営コンサルタントの松村寧《やす》雄《お》氏によって1979年に開発されたといわれる。当初はビジネスの場で活用されていたが、花巻東高校野球部の佐々木洋監督が「目標設定シート」と改称し、入部した

大谷翔平選手が花巻東高校１年時に立てた「目標設定シート」

体のケア	サプリメントを飲む	FSQ 90kg	インステップ改善	体幹強化	軸をぶらさない	角度をつける	上からボールを叩く	リストの強化
柔軟性	**体づくり**	RSQ 130kg	リリースポイントの安定	**コントロール**	不安をなくす	力まない	**キレ**	下半身主導
スタミナ	可動域	食事 夜7杯 朝3杯	下肢の強化	体を開かない	メンタルコントロールをする	ボールを前でリリース	回転数アップ	可動域
はっきりとした目標、目的を持つ	一喜一憂しない	頭は冷静に心は熱く	**体づくり**	**コントロール**	**キレ**	軸でまわる	下肢の強化	体重増加
ピンチに強い	**メンタル**	雰囲気に流されない	**メンタル**	**ドラ1 8球団**	**スピード160km/h**	体幹強化	**スピード160km/h**	肩回りの強化
波をつくらない	勝利への執念	仲間を思いやる心	**人間性**	**運**	**変化球**	可動域	ライナーキャッチボール	ピッチングを増やす
感性	愛される人間	計画性	あいさつ	ゴミ拾い	部屋そうじ	カウントボールを増やす	フォーク完成	スライダーのキレ
思いやり	**人間性**	感謝	道具を大切に使う	**運**	審判さんへの態度	遅く落差のあるカーブ	**変化球**	左打者への決め球
礼儀	信頼される人間	継続力	プラス思考	応援される人間になる	本を読む	ストレートと同じフォームで投げる	ストライクからボールに投げるコントロール	奥行きをイメージ

注：FSQ、RSQは筋トレ用のマシン　出典：スポーツニッポン

1年生全員に記入させたことで、次第にほかのスポーツ界でも活用されるようになった。

「目標設定シート」は、自分が行きたい場所を目指すためのナビの役割を果たす。

左の図を見てほしい。九つの大きなマスが、さらに九つの小さなマスに分割されている。この全部で81のマスの集合体である「目標設定シート」は、木にたとえられており、❶〜❾のマスは「トランク（幹）」と呼ばれている。そして、トランクを取り囲む周囲の②〜⑨のマスが「ブランチ（枝）」と呼ばれる。

記入の仕方はこうだ。

まず、ど真ん中のトランク❶にあなたの達成したい「最終目標」を記入する。大谷の場合、それは「ドラフト1位、8球団指名」だった（7ページ参照）。

次に、その周囲の②〜⑨のマスに、「ドラフト1位、8球団指名」を達成するために不可欠な要素を記入していく。

それが記入できたら、周囲のトランク❷〜❾に、②〜⑨をそのまま写そう。

最後に、❷〜❾の要素を手に入れるための具体策（行動目標）を、それぞれの周囲にある8つのマスに記入すればよい。

記入の仕方

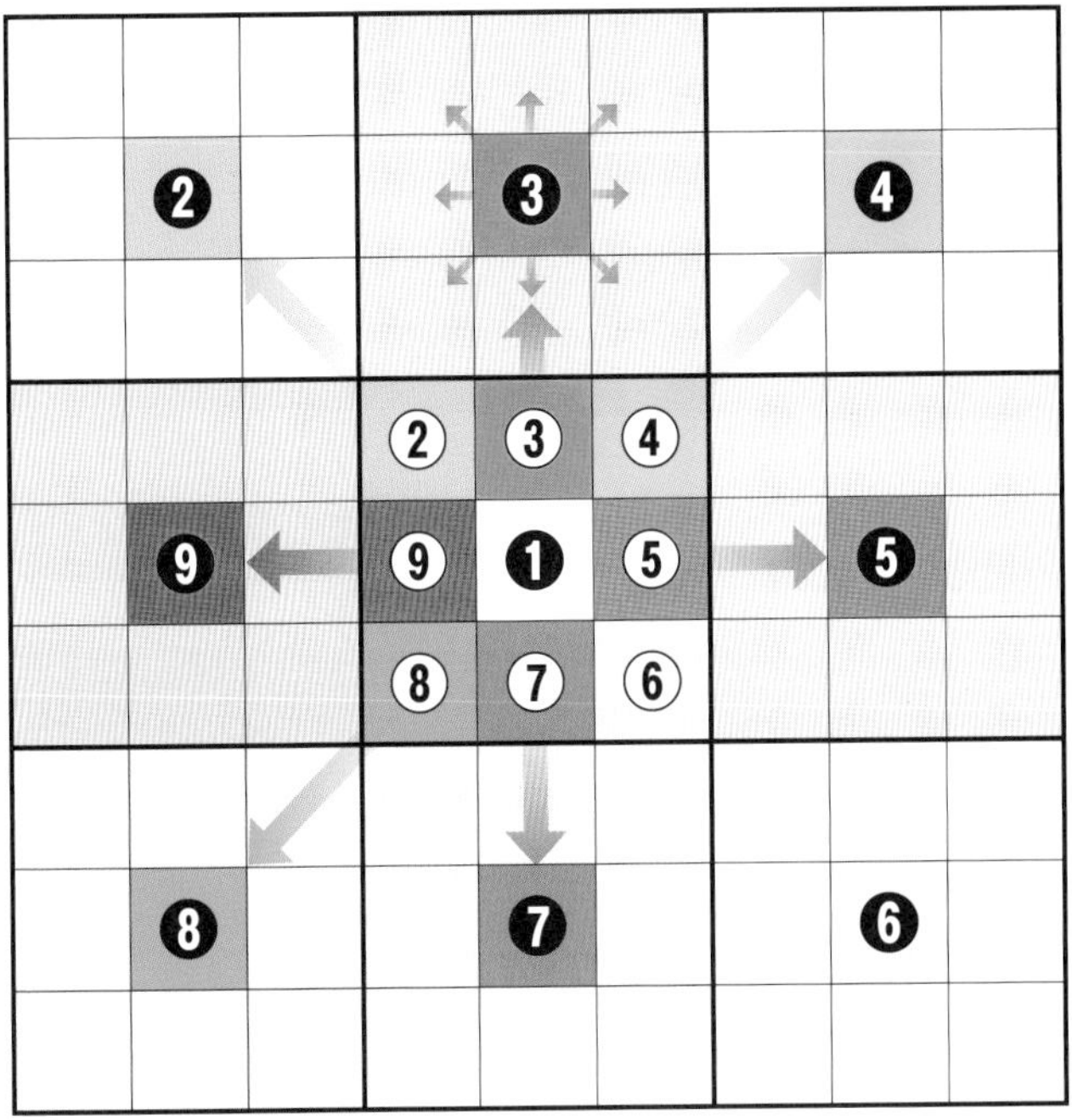

このシートは、頭の中の漠然とした発想を、クッキリと明確にし、最終目標を実現するための64の具体策を生み出す手助けをしてくれる。さらに、新たな気づきや連想が次々と呼び起こされ、「発想力」までも高められる。

このシートを有効なものにするには、次の三つの視点を活用するといい。

記入の極意

最初の視点は**「鳥の目」**である。高い所から見下ろすように、全体を見渡しながら記入していこう。

2番目の視点は**「虫の目」**である。一つひとつの小さなマスに入り込み、ミクロの視点で細部を注意深く観察しよう。

最後の視点が**「魚の目」**である。魚のように回遊しながら、全体と部分の関係性をしっかりと監視することが必要だ。

もちろん、最初からすべてのマスを埋める必要はない。常時持ち歩いて、何かひらめいたときに書き足していけばいい。あなたの目標を実現するために、あるいは目標自体にあなたが気づくために、ぜひこのシートを拡大コピーしてご活用いただきたい。

あなたの
「目標設定シート」

はじめに　この本との出会いがあなたの運命を変える

ロサンゼルス・エンゼルス、大谷翔平の２０２１年シーズンをあなたは見ていただろうか？

その成績は凄まじかった。バッターとしてリーグ３位の46本塁打、ピッチャーとして９勝をマーク。そのうえ、投手として２部門（投球回数１３０回３分の１、奪三振１５６）、打者として３部門（安打１３８、打点１００、得点１０３）の計５部門で「１００」以上を記録したメジャー史上初の選手になったのだ。

しかも大谷は、アメリカの野球専門誌『BASEBALL DIGEST』が選出する年間最優秀選手に選出された。両リーグからたった一人選ばれる同賞で、日本人が選ばれるのは史上初である。

あるいは、「ＭＬＢ（メジャーリーグ機構）」の最優秀選手の投票でもア・リーグＭＶＰの最有力候補になり、見事、満票で受賞を果たした。加えてＭＬＢは公式ツイッターで、「大谷は世界でもっとも検索された選手であり、アメリカ、グローバルの両

2021年8月30日、ヤンキース戦の5回に二番・ＤＨで出場した大谷（手前）が第42号ソロホームランを放ち、大喜びするアナハイムの観客　©共同通信社/アマナイメージズ

2021年5月2日、マリナーズ戦に二番・ＤＨで出場した大谷は初回、死球で出塁し、二盗、さらに三盗も決めた。1試合2盗塁は、大谷自身メジャー初　©Sipa USA/amanaimages

方で1位につけた」と投稿した。

本書で私は、大谷の発した80の言葉から、彼の思考・行動パターンを解き明かし、「なぜ大谷は一流のメジャーリーガーに上り詰めることができたのか?」について深く考察している。

その秘密の一つは、彼は飛び切りの「ポジティブ思考」の持ち主だという事実である。しかもそれは、日々のちょっとした工夫で身につけてきた面が大きい。

また、もう一つの秘密は、これまでの人生を通して、一貫して「自分を超える」ことに努めてきた彼の行動パターンにある。

こうした思考や行動パターンで、大谷は今までの選手とは違う、「二刀流」という誰も真似することのできないワザを身につけることを成し遂げ、偉大なメジャーリーガーになった、と私は考える。事実、彼の野球人生を振り返ると、何度となく、ケガやスランプといった壁にぶち当たっているが、彼特有のその思考と行動により、見事に短期間で窮地から脱出し、かえって大きな飛躍を遂げている。

また、高校時代の自分を回想しながら、大谷はこうも語っている。

「僕が高校時代にアメリカへ行きたいと思ったのは、マイナーでやりながら他の人と

9月19日、アスレチックス戦の8回、2アウト満塁のピンチでチャプマンを空振り三振に仕留め、ガッツポーズをする大谷　Ⓒ共同通信社/アマナイメージズ

2021年8月25日、カムデン・ヤーズのオリオール・パークでボルチモア・オリオールズとの対戦前に、ブルペンでウォームアップする大谷　ⒸSipa USA/amanaimages

違う過程を踏んだとき、自分がどんな選手になるのかなという楽しみが大きかったからでした」（『大谷翔平 野球翔年Ⅰ 日本編2013‐2018』石田雄太著〈文藝春秋刊〉）

「自分を超える」ために、私たちはどのような生き方をすればよいのか？

大谷のような、人から愛され、人に大きな勇気を与える人間になることは、そんな力のない私たちに可能なのだろうか？

それは決して不可能ではないと思う。

大谷の言葉には、そのためのヒントがふんだんに散りばめられている。ぜひ彼の言葉の一つひとつの背景にある秘密を、私と一緒に真剣に見てみよう。

そして、この本で明かした彼の成功方程式を、自らの人生に置き換えて実践したなら、必ずあなたも大谷のようなすごいパフォーマンスを、仕事や勉強で発揮することができるようになる。

成功者の仲間入りをすることは、意外と簡単なのかもしれない。

児玉光雄

1章 だから皆が感動する！ 奇跡のメジャーリーガー大谷翔平の言葉

2章　夢を叶えるのに、苦しい努力はいらない！

3章 困難な道を、ワクワクして選べるようになる その「やる気」の源は？

4章 仕事=遊び。面白いから、集中力を存分に発揮できる!

5章

根拠はなくても！ 自分に期待し、運まで味方につける思考法

6章

悩んだとき、迷ったとき。「進化」をもたらすチャンスは、こうつかむ！

7章

無理にポジティブになる必要はない！心を守りながら、うまくいかせるコツ

8章 大谷だって落ち込む！ そんなときは、気持ちを切り替える練習！

9章 ヒーローは、休み時間を楽しんでいる

本文デザイン／図版　サンフエルサ

1章

だから皆が感動する！
奇跡のメジャーリーガー大谷翔平の言葉

SHOHEI

自分の夢に、自分で限界を設けていない？「まだまだいける！」と思うだけで未来は変わる

より多く試合に出られたというのは単純に楽しかった。
試合に貢献できる頻度が高いということは、
選手としてもやりがいがあると思うので、
すごく楽しい1年だったと思う（中略）。
（オフシーズンの）トレーニング自体をもっとハードなものにしたい。
まだまだ上にいけると思っているので、
今年以上のパフォーマンスが出せるような、そういうオフシーズンにしたい。

（2021年シーズン最終戦前の記者インタビューでの言葉）

エンゼルスのメジャー最終戦は、２０２１年10月3日、敵地であるシアトル・マリナーズの本拠地、T-モバイル・パークで開催された。大谷は一番・DHで先発出場し、初回、いきなり先頭打者ホームランを右翼スタンドに放り込んだ。

試合は7対3でエンゼルスが勝利。この日1打点を加えて打点は１００の大台に乗り、投打の5部門（投球回数１３０回3分の1、奪三振１５６、安打１３８、得点１０３、打点１００）で「１００」の大台を記録するという偉業を成し遂げた。

ベーブ・ルースの持つ2桁勝利、2桁ホームランの偉業は達成できなかったが、史上初記録のオンパレード。しかし、彼はそれで満足しているわけではない。「まだまだ上にいける」と考えている。

著名な心理学者ウィリアム・ジェイムズは、**「人間というものは、概して、その人間が描いた通りの人間になる」**という名言を残した。自分の夢にリミッターをかけてはいけない。**「人のやっていないことをやりたい！」**というフロンティア精神を心の中に育てよう。

「夢のリミッター」をはずそう。自由な未来を思い描こう。

SHOHEI

夢を叶えるために強い人間になる必要はない。
大事なのは、
「夢を実現できる自分」を信じること

初めての経験なので
また（オールスター戦に）来られるように、
と思わせてくれる素晴らしい経験だったかなと思います。
全体的に、球場入りから試合入りから、ホームランダービーもそうですし、
こういう雰囲気ってなかなかシーズン中もないですし、
本当に野球が好きな人たちがこれだけ集まって、すごくいい雰囲気だった。

（2021年7月開催のオールスターゲームに出場した感想について語った言葉）

２０２１年7月13日、大谷はコロラド州デンバーのクアーズ・フィールドで開催された第91回オールスターゲームに出場。史上初となる投打での二刀流出場を果たし、メジャーの歴史に名を刻んだ。

打者としては2打数無安打だったが、投手としては先発登板の1回を無安打無失点で締めくくり、見事勝利投手に輝いた。試合は、アメリカン・リーグがナショナル・リーグに5対2で勝利し、２０１３年から続く連勝を8に伸ばしている。

「メジャーリーガーとしてオールスターゲームに二刀流で出場する」

誰もがそんなことは無理だと思うだろう。でも大谷は、それを確実に「できる」と信じ、その通りのことを実現させた。

今から90年以上も前に、著名な啓蒙《けいもう》家のナポレオン・ヒルは、**「頭の中で考えたことを心から信じられるなら、人はどんなことでも達成できる」**と言った。

どんな願いも、まずは実現できると心から信じてみよう。そう信じる根拠も、方法も、わからなくていいのだ！

描いた夢を心から実現できると信じよう。そこから道は拓ける。

SHOHEI

メジャーデビューに、大谷も5年をかけた。
でも彼のイメージの中では、
その間ずっとメジャーリーガーだった！

あの初打席は
一生忘れることはないと思います。

（2018年のメジャー開幕戦にDHとして出場し、初打席初球で初安打を放ったことに触れて）

２０１８年3月29日のメジャー開幕戦となった対アスレチックス戦。この日、大谷は「八番・ＤＨ」で先発出場。その第１打席、初球をライトに弾き返して、メジャー初ヒットを放つ。

試合後、メジャーリーグの公式サイト「MLB.com」は、「大谷は、日本生まれの選手でＭＬＢでの初打席で安打を放った選手として、松井秀喜、松井稼頭央《かずお》、新庄剛志《つよし》、そして福留孝介《こうすけ》の仲間入りをした」と報じた。

大谷が「メジャー挑戦」を公言したのは、２０１２年10月のこと。それから5年半の年月が流れていた。**その間、大谷は日々「メジャーリーガー大谷翔平」を視覚化していたはず。**

あなたにとって「なりたい自分」はなんだろう？　それを頭の中でイメージしよう。それを紙に書いて読み上げたり、絵に描いたり、それに近い人物を真似てみたり、あたかも、すでに「なりたい自分」が実現したかのように振る舞おう。必ず「なりたい自分」に近づくための道が見えてくる。

「なりたい自分」を視覚化して実現したかのような行動を起こそう。

SHOHEI

過去に縛られる必要はない。「未来の自分」にワクワクしていればGOOD！

嬉しかったのは、初ホームランですね。
本拠地で打てたというのもそうですけど、
いいところで打てて、嬉しかったですね。

（2018年シーズンで印象に残るホームランを聞かれて語った言葉）

大谷は2018年4月3日、本拠地エンゼル・スタジアムで行なわれたインディアンス戦で「八番・DH」でスタメン出場。その第1打席、2ボール2ストライクから、右中間へメジャー1号となる3ランを放ち、さらにこの日、その本塁打を含む「3安打」と圧巻の本拠地デビューを飾った。

ダイヤモンドを一周してダグアウトに戻ってきた大谷は、チームメートと喜びを分かち合おうとしたが、誰もが表情を変えずに大谷を無視した。

両手でハイタッチのジェスチャーをし続けた大谷だが、誰も反応しない。その後、一転して皆が祝福したが、これこそ殊勲の大谷に対するチームメートのサプライズご褒美、「サイレント・トリートメント」だった。

過去は変えられないが、未来なら自分の思うままに変えることができる。

「何がほしいのか？」「何をしたいのか？」「どのような人間になりたいのか？」。すぐに思いつかないこともあるかもしれない。その場合は、いろいろな経験や物事に接して、たっぷり時間を費やしたうえで、ワクワクするような目標を立てよう。それが充実した人生を歩む最初の一歩だ。

考えるだけでワクワクするような目標を立案しよう。

SHOHEI

データは参考程度のもの。「やりたいこと」は感性や直感で選ばなきゃ！

自分の理想のバッティングというのは、
データを活用しないのがベストだと思っているので。
相手が何を投げてくるとか、どこに投げてくるとか全然関係なくて、
ベース盤の上を通るボールを何も考えずにホームランにできるというのが
究極のスタイルじゃないかと思っている。

（2018年、バッターとして心がけていることについて語った言葉）

スポーツ科学の発達により、アスリートは簡単にデータを手に入れることができるようになった。同様に製造業やサービス業など、あらゆる業種においてもさまざまなデータの収集が可能になりつつあり、それは明らかに一つの進化である。しかしスポーツでは、データはあくまでも参考にすぎない。主役はやはり感性や直感なのだ。

現役時代のイチローさんが、こんな話をしていた。

「既存の常識や固定観念を、どれだけ変えていくことができるか。それは現役選手がやらなければならない仕事なんです」

データはあくまでも過去の数字である。バッターならデータに頼ることなく感性と直感を働かせて、ピッチャーの手から離れた瞬間に、その軌道を読み解いてヒットにする。ピッチャーなら、バッターの意図を読み、裏をかく意外性のある球をキャッチャーのグラブめがけて投げる。その両者のせめぎ合いの心理が、ゲームを面白くする。

これからの時代、**さらに人間の感性や直感を鍛え上げ、それを信じて動くことが、成功の切り札**だと大谷は見抜いている。

データがなくても闘える本物を目指して、感性や直感を研ぎ澄まそう。

SHOHEI

今年がダメなら来年で。夢にはジワリ近づけばいい

ベーブ・ルースにたとえられるのは光栄なんですけれども、僕の中では神様と同じくらいの存在なので。野球をやっている以上は、少しずつ近づいていきたいなと思っています。今日が本当のスタートラインだと思っているので、ここから少しずつ頑張っていきたいと思います。

（ロサンゼルス・エンゼルスの入団記者会見で語った言葉
『大谷翔平 二刀流の軌跡』ジェイ・パリス著、関麻衣子訳〈辰巳出版〉）

ベーブ・ルースは、メジャーリーグにおけるレジェンドである。投手として実働10年で163試合に登板して94勝46敗、防御率2・28。打者としては、実働22年で2873安打、打率3割4分2厘、本塁打714本。ルースは、シーズン本塁打50本以上の記録をメジャーリーグで初めて達成した選手であり、1927年に達成したシーズン60本塁打の記録は、1961年にロジャー・マリス選手によって塗り変えられるまでの34年間、最多記録であった。

1918年シーズンに、ルースは投手として13勝、打者として11本の本塁打を記録。以来100年以上の歳月が流れたが、投手として2桁勝利、打者として2桁本塁打を同一年に記録した選手は一人もいない。

2021年の大谷は、残念ながらあと1勝というところで、この記録を超えることはできなかった。**だからといって、大谷は心が折れることも腐ることもない。**

大谷は来シーズンも壮大な夢を新たに描いて、それをクリアすることに命を懸けるはず。来シーズンも大谷から目を離せない。

大きな夢には「少しずつ」近づいていけばいい。

SHOHEI

「すごい目標」を目指すのではなく、ただ昨日より成長することを目指そう

僕はまだ選手として完成していないですし、成長できる環境でやっていきたいです。高校を卒業するときも、同じように思っていました。メジャーに行きたい一番の理由はそれですね。

（メジャーへ行くことの意味について語った言葉
『大谷翔平 二刀流の軌跡』ジェイ・パリス著、関麻衣子訳〈辰巳出版〉）

自分はもっと成長できると、精いっぱい自分に期待しよう！

自己期待は、私たちにすごい能力を授けてくれる。

私たちは、すごい潜在能力を保持しているにもかかわらず、せいぜいその10〜20%しか発揮していないと、私は考えている。つまり、もう一人のすごいあなたは、〝外〟に出ようと必死になってもがいているのだ。そんなもう一人のすごいあなたを自由にしてあげるという意味でも、「自分を超える」という目標は魅力的だ。

今以上の自分になれることを期待しなければ、到底今以上の自分にはなれない。**人は常に「今以上のものになりたい」と思うからこそ、その先の自分へと成長できるのである。**今以上のものというのは、別に大谷のような、スーパースターになることでなくてもいい。また、世間が認めるような目標を無理に目指す必要もない。１００人いれば１００通りの目標があるのが自然だ。

そして、そのオリジナルな目標に向かって、今の自分よりも少しだけ、来年、来月、来週の自分は、成長した自分になれると、自分に精いっぱいの期待をしよう。これができるだけで、自然とあなたの行動は変わっていく。

SHOHEI

この先に、何が待っているかわからない。あなたは変化を恐れる派？ワクワクして飛び込む派？

今年、このまま順調にいけば、
おそらくキャリアハイの数字は残ると思いますし、
逆に言えばそれがこれからの自分の中の基準になるんじゃないですかね。
それを常に更新し続けていくことが
目指す数字ということになっていくのかなと思います。

（2021年シーズンにおける抱負について語った言葉）

多くの人々が「安定感」を求める一方で、一流のアスリートほど、徹底して「不安定感」を追求する。彼らのやりがいは、変化を最優先して「安定」から飛び出すことにある。

もしも、あなたが着実に成長したいなら、「安定」は敵になる。あるいは、もしもあなたが絶え間なく進化したいなら、徹底して「変化」を追求しなければならない。

漫然と、1年前や1カ月前と同じことを繰り返していないだろうか？

不安定感は「リスク」そのもの。リスクのないところに成長はなく、ただ停滞、そしてやがては失速するだけ。あえて挑戦し、リスクを取り、学習し続けることが、私たちに「成長や進化」という果実を与えてくれる。大谷は常に「キャリアハイ」を追求し続けたから、大きな飛躍を実現できた。

リスクは恐れなくて大丈夫だ。仮に失敗したって、この日本では路頭に迷うことなんて、まずない。何より「今の自分を超える」ことにワクワクしてほしい。

初体験やチャレンジを通して、「不安定」を楽しもう。「自分を超える」ことをテーマにすれば馬鹿力が発揮できる。

SHOHEI

他人が望む結果を実現したところで幸せになれない。ならば選ぶ道は一つ！

まずは最後まで健康で終わりたいなっていうのが
一番かなと思うので。
あとは自分の評価は自分でしないっていうふうに
自分で決めているので。
高く評価してもらえるなら、それは光栄なことだと思っています。

（2021年9月26日に2桁勝利、2桁ホームランを懸けて戦ったあとのインタビューで語った言葉）

２０２１年9月26日の日曜日、大谷は本拠地エンゼル・スタジアムでの最終戦、対シアトル・マリナーズ戦に先発登板。７回を5安打1失点、10奪三振と好投したが勝敗はつかず、「2桁勝利＆2桁本塁打」はならなかった。

１９１８年以来のベーブ・ルースによる偉業達成はお預けとなったのである。しかし大谷が落ち込んでいるかといえば、そんなことはない。むしろ大谷は、自分のタイトル云々《うんぬん》よりも、チームの勝利に飢えている。

「もっともっとヒリヒリする9月を過ごしたい。クラブハウスもそういう会話であふれるように。来年以降そうなるように願っている」（「Full-Count」２０２１年9月27日配信）

大谷にとっての「幸せ」とは、自身の体調を最高の状態に維持し、持てる力を存分に発揮してチームの勝利に貢献することに凝縮されるのだろう。

同様に、普段から**「自分を幸せにするものは何か？」**について自分と対話することは、誰にとってもとても意味がある。

他者の夢や希望を叶えることと、自分の夢がピッタリ重なり合っていればいいが、そうでないときは？　他者の夢のために生きて、後悔しないだろうか？

自分のための人生。他人が考える「結果」になんか、一喜一憂していられない！

「自分を幸せにするものは何か？」について自問自答しよう。
そして「自分が本当に望むこと」をとことん追求しよう！

2章

夢を叶えるのに、苦しい努力はいらない！

どこに身を置くか――。
そこで自分らしく生きられるか？
それをつかんだ「格好いい自分」を想像できるか？

それ（メジャーのレベルが高いこと）が
僕の中で〝いいな〟と感じていることです。
常に上のレベルにいけるチャンスが与えられるわけです。
もし、「これでいける」という打撃ができたら、
工夫はしないと思いますし、
このまま変化がなく野球人生が終わっていくのかな、と思うので、
その意味でもメジャーに来てよかったな、と感じています。

（メジャーの魅力について語った言葉）

花巻東高校野球部の佐々木洋監督が、大谷がロサンゼルス・エンゼルスを選択したことについて、こう語っている。

「自信があるとかないとか、活躍できるとかできないとか、大谷本人は考えていないんでしょうね。ただ、（メジャーに）行って挑戦してみたい。高い所へ自らの身を置きたい。いつもそう考えているんだと思います。（中略）そして、大谷本人の生き方が貫ける球団を彼は選んだのだと思います」（『道ひらく、海わたる　大谷翔平の素顔』佐々木亨著〈扶桑社刊〉）

どんなに成長しても、大谷は純粋な野球少年の心を忘れない。相変わらず、「絶え間なく成長し続けたい」という純粋な思いが大谷の心の中には存在するのだ。その貪欲な成長欲求が、大谷を飛び切りの上昇志向の人間に仕立てている。

人生はたった一回きり。しかも、時は今も確実に刻み続けている。自分の思いを存分に貫ける環境に身を置き、自分のほしいものを手に入れるために徹底して全力を尽くす——これ以上の幸せは、この世の中にあまり見当たらない。

世間の規準に振り回されず、自分のほしいものを獲得できる環境を選ぶ。

目標はここまで具体的に。そして「今日は○○をする」という細分化した目標をやり切ろう

「毎日バットを振る」というよりは、
じゃあ「毎日何分間」とか「毎日何本振っていく」とか
そのくらい明確じゃないと
ちゃんとこなせないんじゃないかと思います。

（「目標に数字を入れること」の大切さについて語った言葉）

大谷の言葉には「目標」という単語が、驚くほどたくさん出てくる。**しかも、その考え方は目標設定理論の核心を突いている。**

これは、知っておいてよい知識だ。どんな分野においても、小さな目標を日々積み重ねることが、私たちを夢の実現へと連れていってくれる。そして、目標の「細分化」は、私たちの成長にとって不可欠な行動習慣を根づかせてくれる。

たとえば、今までなんのトレーニングもしていなかった人が、いきなり毎日30回腕立て伏せをするという目標を立てても、長続きしない。筋力はもちろん、そのノルマを継続させるメンタルの強さもないからだ。

しかし、毎日5回の腕立て伏せ、という簡単さならば長続きする。これがしばらく続けば、日に7回の腕立て伏せができるようになっている自分に気づくだろうし、やがては「毎日30回腕立て伏せ」ができる自分に出会える。

一日単位で、理想までの道のりを細分化した目標を設定し、それを着実に実行する。このとき、自分の人生には今日という一日しか存在しないと思うと、理屈抜きに、かけがえのない一日を精いっぱい頑張れるようになる。

一日単位の小さな目標を、着実に実行していこう。

休んでる？
自分をいたわってる？
夢に向かっている感覚は、頭の中に置きながらも！

練習って、やりすぎることによって
フィジカル的に崩れてきたりすることもあるんですよね。
感覚的にやりすぎて崩れることはけっこうあったので、
そういう意味で練習量を減らしてみましたけど、
これも一つのチャレンジかなと思っています。

（2021年シーズンに練習量をかなり減らしたことに触れた言葉）

大谷はアスリートとして、自分に妥協を許さない。人の何倍もの結果を求めるし、そのために努力も惜しまない。**しかし一方で無理をすることもない。**

この言葉のように、あえて練習量を減らすことも実行しているのだ。

必要な努力を制限し、体や心を休ませるのも、目標達成には欠かせない行動だ。

気持ちが折れたり、病気やケガで入院したりしてしまうことがあれば、どんな夢だって実現しなくなる。その意味で、やみくもに全力投球し続けるのは間違っている。

とはいえ、休み続けてしまえば、また自分を動かすのも難しくなる。とかく人は誘惑に弱い動物なのだ。

では、休むことと努力することのバランスは、どこで決まるのだろう？

それは結局、しっかり自分の目標が定まっているかどうかだ。叶えたい目標を認識していれば、「今、自分のやるべきこと」として、体と心を休めて気分転換することが自然と選択肢にあがってくる。

大谷の中では、休むことも夢を叶える道の一つなのである。

休むのも戦略のうち。

コツは、
実現させたい「結果」より、
「実現に必要な行動」をすることに集中

ホームランを狙おうというのはほとんどないですね。
そういう打席はほとんどシーズン中にもないので。
いいコンタクトをしたら、勝手に本塁打になると自分では思っているので、
詰まっても、先っぽに当たっても、ある程度いい角度で上がれば、
本塁打になるという自信を持って振っているので。
特に狙うということはなく、
いい角度でボールに当てるというのが一番かなと思います。

（ホームランを打つことに対するこだわりについて語った言葉）

「欲」がバッティングに悪影響を与えることを、大谷は熟知している。

一般的に「目標」というものは、「結果目標」と「行動目標」の二つに分類できる。

そのうち「ホームランを打つ！」というのは結果目標であり、これをしっかりと頭の中に叩き込んでおかなければ、結果は出せない。

しかし、いくら「ホームランを打ちたい！」と強く願っても、「いい角度でボールを当てる」という行動目標が実践されていないと、やはり目標は達成できない。

大谷の意識には、この両方の目標がしっかり絞り込まれているのだ。

１９０２年に英国の作家ジェームズ・アレンは、有名な『「原因」と「結果」の法則』（坂本貢一訳〈サンマーク出版〉）という本で、「いい結果の背後には、必ずよい想いや努力が存在しており、そこに一切の偶然性が介在する余地はない」ということを述べた。

この「よい想いや努力」こそ行動目標で示されるものであり、結果目標ばかりイメージしていても、思うような結果を出せるはずがない。この心構えはきっと、あなたが新しい扉を開く鍵となるだろう。


結果目標をいったん認識したら、あとは行動目標に照準を合わせよう。

お金や名誉よりも、ずっと「やりがい」のあるものを目標に掲げよう

野球を始めたときも、一流のピッチャーになるんだとか、一流のバッターになるんだとか思っていたわけじゃない。いいバッティングをしたい、いいピッチングをしたい。それをいつも望んできました。

（日本ハムファイターズでの最後のシーズンに、「野球への取り組み方」について語った言葉
『大谷翔平 二刀流の軌跡』ジェイ・パリス著、関麻衣子訳〈辰巳出版〉）

大谷は、「年俸」や「名誉」といった欲にはいたって無頓着《むとんじゃく》である。

アブラハム・マズローが主張した「欲求5段階説」は有名だが、ぜひ皆に知ってほしい理論である。彼は五つの人間の欲求をピラミッド状に積み上げ、一番下に「生理的欲求」、その上に「安全の欲求」、そしてその上に「社会的欲求」、4番目に「承認欲求」、そして最上位に「自己実現の欲求」を位置づけた。

大谷があまり興味を示さない「年俸」や「名誉」といった欲求は、自尊心（承認）の欲求であり、彼を本気にさせているのは、最上位に位置する「自己実現の欲求」であることは論を俟《ま》たない。

自己実現の欲求は、唯一の永続的に追求できる存在欲求（成長欲求）であり、それ以外はすべて満たされたら自然に消えてしまう欠乏欲求である。つまり、人生に生きがいを見出したかったら、なんとしても「自己実現」を追い求めなければならない。

あなたにとっての自己実現とはなんだろう？

このことについて、真剣に思いを馳《は》せることこそ、充実した人生を送る切り札となる。

生涯追いかけられる自己実現の目標を見つけよう。

「なる」とハッキリ断言する勇気

野球を始めた小学3年生のときから、
自信を持って「僕はプロ野球選手になる」と言い続けてきた。
そして、一度として、
プロ野球選手になれないんじゃないかと思ったことはなかった。

（「プロ野球選手になる」というこだわりについて語った言葉）

SHOTIME

周囲の期待よりはるかに高い成果をあげるアスリートを、私は「オーバーアチーバー（異常なほど達成意欲の強い人間）」と呼んでいる。大谷のようなオーバーアチーバーは、並みのアスリートには不可能と思えてしまうようなことを、本気で「実現できる」と考える。

自己暗示は、夢を実現させるための強烈な要素である。

しかし、「なりたい」「なれたらいいな〜」「なれるかな？」という秘めたままの願望では、普通の選手にはなれても、オーバーアチーバーになるには弱すぎる。

大谷は「プロ野球選手になる」、という断定口調で語る習慣が身についていた。

ほかの誰かの言葉を信じるのではない。自分を信じるのだ。

自分が、夢に向かって努力し続けられること、決してくじけないこと、そして試練を乗り越えられることを信じよう。

まずは断定口調で、「なりたい自分」を周囲の人間に公言することだ。

少しでもなりたいと思ったら、「断定」してしまおう。

たとえ今はできなくても、「自分ならいつかできる」と信じてみる

目標を持つことは大事だと思います。
僕がどういう選手になるのかというのは、自分で決めること。
（中略）
チームの柱として頑張っている自分を想像するのは、
すごく大事なことかなと思います。

（『文藝春秋』2013年10月号より）

心理学者ロバート・W・ホワイトが名づけた「有能感」とは、優れた結果を出せるアスリートたちが持ち合わせている感覚である。

「自分ならできる」という有能感があれば、「たとえ今はできないことでも、ちょっとトレーニングすれば必ず自分はできるようになる」という、未来の自分を信じる自信につながる。そんな心理状態と、「最高の自分に出会いたい！」という強い欲求が結びつくと、どんな厳しい鍛練にも耐えられるようになる。そして最終的に、その人間の限界を超えさせてくれる。

「私はこの仕事をするために生まれてきた。必要な能力は備わっている。なければ自分自身で鍛えて身につけることができる」と考えてみよう。

未来の自分を絶対的に信じて、どうしたら目の前のタスクを最高のものに仕上げられるのか――自分で考え抜いて動いてみよう。

大谷も**「ほかのプロ野球選手が成し遂げられなかったことの実現」**にやりがいを見出し、自分のやり方で自分を鍛えてきたから、強く自分を信じられるのだ。

ほかの人ではなく、「自分だからできる」という気持ちを持とう。

夢のピントをもっともっと絞り込もう。「これだ」と納得できるまで

真ん中です。
全部、真ん中めがけて投げています。
キャッチャーもコースに寄ったりせず、真ん中に構えてくれてますし、
真っすぐがいいなっていうときは、真ん中です。
だって、もったいないじゃないですか。

（「全力で投げるときにどこを狙って投げているか?」という質問に答えて）

たとえば、ここに二つの正方形の的《まと》があるとしよう。

一つは、なんの印もない正方形、もう一つには中心部に赤い印のついた正方形。

さて、「この正方形の中心をめがけてダーツを投げてください」と指示した場合、どちらの的のほうがより多く、その中心部にダーツが刺さるだろうか？

答えは、もちろん中心部に印をつけたほうである。

そんなふうに、夢を単純化して、あれこれ迷わずに目標を絞り込もう。

すると夢のピントが定まって、あなたは夢をぐっと近くに引き寄せることができるようになる。

大谷はテーマを単純化して絞り込むのが抜群にうまい。一方、私たちは物事を考えるときに、曖昧すぎるために、夢を遠ざけてしまっている。

いくら努力を重ねても、あるいは、いくら才能に恵まれていても、到達したい夢が曖昧でピントがボケていては、ダメだ。それだけで、夢が実現することなどまったく不可能になってしまう。


夢が曖昧では何も実現しない。「出世したい」より「社長になる」がいい。

高校生の大谷が160キロの球を投げられた、真の理由は？

ずっと目標にし、
それをチームメートに伝えたり、
紙に書いたりしていたからだと思います。
そうやって自分にプレッシャーをかけていないと努力しないので。

（高校3年生の夏の岩手大会で、160キロの球を投げられた理由について語った言葉）

この世の中に、成功者はほんの一握りしか存在しない。

理由は簡単だ。誰もが成功者になりたいという願望は持っているが、それを実現するための行動が伴わない人が圧倒的多数だからだ。

では、何から始めるか？

目標や夢を紙に書き出すという些細《ささい》な習慣を侮《あなど》ってはいけない。今すぐ紙に、あなたがこの一度限りの人生という時間内に絶対に実現したい当面の目標や夢を一つ書き出そう。

たとえば、「私は組織でナンバーワンの成果をあげる」とか、「私は次のマラソン大会で必ず4時間を切る」など、一番実現したい目標を一つだけ紙に大きな文字で書き出し、それをよく見える場所に貼りつける。

そして、毎朝毎晩声に出して読み上げよう。すると腹の底から、ふつふつと〝やる気〟が湧き上がってくるのを感じるはずだ。

さあ、果敢に行動を起こそう！

毎朝毎晩、目標を声に出して読み上げよう。

「希望のかけら」を拾い集めていけば、壮大な目標の達成も可能になる

自分がこう投げたい、打ちたい、何勝したいとか。
それを常に心に抱いてプレーしているのは、一番楽しい。
それが達成できたときは嬉しいですしね。
一番小さい目標はそこです。

（目標を立てることの大切さに触れて）

自己実現とは、人生を懸けた壮大な夢だけをいうのではない。

この大谷の言葉に象徴されるように、「こう投げたい、何勝したい」といった小さな目標の達成も自己実現の一つである。そうした小さな自己実現の達成感をしっかり味わうことが、次の目標達成へのモチベーションを生み、ついには壮大な夢に近づくことを可能にしてくれる。ところが、残念なことに、ほとんどの人が同じ程度の欲望を持っているにもかかわらず、結局、小さな目標を掲げることなく、この世に別れを告げている。こんな残念なことはない。

大谷のようなトップアスリートであっても、「こう投げたい」「こう打ちたい」という小さな目標を掲げ、それに近づくために汗を流している。まずは行動を起こし、「できた！」という小さな達成感を味わうこと。これを何度も味わううちに、脳は「自分なら（なんでも）できる！」と〝錯覚〟するようになる。

極論すれば、大谷は野球を始めた子どもの頃に最初の「できた！」を味わった段階で、「すでにメジャーリーガーになっていた」のである。


目の前の小さな達成感の積み重ねが、絶対の自信を作り出す。

個人のミッション、チームのミッション。大谷の場合

重要なことは、
僕の成功（二刀流）が、
優勝に結びつくのかどうかということです。

（二刀流として大事にしていることについて答えて）

スポーツの世界であれ、研究やビジネスの世界であれ、チームの一員である限りは、チーム全体の目的である「ミッション」を、片時も忘れてはならない。

ミッションは、しばしば「目標」と混同されてしまう。

ミッションと目標は、はっきりと区別して考える必要がある。

たとえば、大谷個人にとっての目標は、「投手として15勝」とか「打者として20本塁打」といったものだろう。**だが、「ミッション」のほうは、監督、コーチ、選手のほか、スタッフたちも含めたメンバー全員が共有できるものであるべきだ。**だから大谷個人のミッションは「チームを優勝に導く」となる。

「優勝」というチームのミッションがあるからこそ、チームの各メンバーがそれぞれ個別の目標を持ちつつも、助け合い、補い合い、一丸となって闘える。結果として、個人の目標も達成されやすくなる。

これはどんな組織でもまったく同じだ。メンバー一人ひとりが、グループや組織としてのミッションを共有することにより、チームは最高の成果をあげることができるようになる。

チームで「ミッション」を共有すれば、遠い星へもたどり着ける！

決め手は、「達成できるか」よりも、「どれほどワクワクするか」

バッターは
3割を打ってすごいと言われますけど、
やっぱり一度のミスもなく
打率10割のときに100%と思えるんじゃないですかね。

（自分の打撃論について語った言葉　『道ひらく、海わたる　大谷翔平の素顔』佐々木亨〈扶桑社〉）

一流の人間ほど完璧を目指す意識が強い。

もちろん、「完璧を目指すよりも最善を尽くすことのほうが、自尊心を傷つけない」のも事実である。

しかし、大谷には、「最善を尽くすのは当たり前。完璧な自分を脳裏に描いて、そこに少しでも近づくことに全力を尽くそう」という心構えが存在する。

それが、彼にすごいパフォーマンスを発揮させている。

多くの人は自分を過小評価して、達成しても面白くもなんともない無難な目標を設定する。そのせいで、せっかくの潜在能力を発揮できなくしてしまっているのだから、実にもったいない。

あるとき大谷は、こうも語っている。

「野球をやっているからには『てっぺん』を目指したいんです。すごいレベルの高いところで野球をやってみたいなと思っていたので、まずはプロ野球選手になりたいと思って、そこに近づいていったら、さらにその上でやってみたいと思う」（前掲書より）

すごいレベルの人たちと仕事をすることは、必ずしも成績を出し、収入を上げることにはつながらない。ただ、ものすごくワクワクしないだろうか？

そんな心躍る未来を思い描こう。
これほど単純な成功方程式は、ほかにあまり見当たらない。

自分で「面白い」と思えるような目標を設定しよう。

3章

困難な道を、ワクワクして選べるようになる
その「やる気」の源は？

MESSAGE

分岐点に立ったら⁉
これなら後悔は残らない

もちろん打ったり投げたりもできなくなったら、やめるだけなのでね、
引退すればいい。
打てなくなったら引退だし、
投げられなくなったら引退するしかないので、
シンプルにどちらもできるんならやればいい。
それだけです。

（「野球に取り組む覚悟」について語った言葉）

右ページの言葉から、「自分の人生はすべて自分が決める」という大谷の強い思いが伝わってくる。彼は自分の主張を崩さないし、他人の意見に流されることもない。しかも、最悪の状況もしっかりとイメージしているから、それが現実に起こっても「想定内！」と言い切れる。

『幸福論』を著したフランスの哲学者・アランの言葉がある。

「どんな職業も、自分が支配している限り愉快であり、自分が服従している限り不幸である」

他人の意見に従って生きたとき、うまくいかなかったならば、必ず悔いが残る。しかし、自分が決断して行動を起こしたなら、たとえうまくいかなくても悔いは残らない。

自分の「やる気」の理由を、自分で説明できるものを「持論系モチベーション」と呼ぶ。そういうモチベーションがあれば、いつでも自分で自分の意欲を上げ、他人の言動に自分を合わせなくてすむ。どんなときも「自分が主人公」と考えれば、自分の生き方をすべて自分で決定することができるようになる。

最終選択を誰かにゆだねるのはやめよう。

MESSAGE

調子がいいときも、うまくいかないときも、
やることはただ一つ

一打席一打席、確認しながらかな、とは思います。
そこは、いいときも悪いときも、
何がよかった、何が悪かったっていうのを確認しながらの打席なので、
今季はあと1カ月ぐらい、一日一日確認しながらいきたい。

（2021年8月下旬に疲労が蓄積して調子が下がり始めたときの心境についての言葉）

あなたは明日も、この惑星に生きているると考えているだろう。しかし本当のところ、その保証は何もないのだ。今日、交通事故で死ぬかもしれないし、今夜、ベッドの中で突然死する確率はゼロではない。よくよく考えてみたら、人生は「今、この一瞬」しか存在しない。過去は終わったもの。そして未来は「未《いま》だ来ていない」ものだ。

大谷はまさに、「今、この一瞬」の作業に快感を見出すことを最優先して、その作業にのめり込んできたからこそ、すごいパフォーマンスを発揮できた。

私が現在、メンタルトレーナーとしてバックアップしているプロゴルファーの最重要テーマは、「自分を超える」ことである。未来の夢や目標を決めて、それを実現するために「今、この瞬間」でベストを尽くす。

「自分を超える」には、この覚悟が不可欠である。うまくいかない日があれば、次の日は不安を抱えてスタートするかもしれない。それでもいいから、今一瞬にベストを尽くそう。

「今、この瞬間」の作業にベストを尽くす！

MESSAGE

たっぷり考える時間を取っていい。急いで不完全燃焼することだけは避けよう

考え抜いた後にするって決めているんです。

（自分の人生について決断することに触れて語った言葉
『大谷翔平 二刀流の軌跡』ジェイ・パリス著、関麻衣子訳〈辰巳出版〉）

大谷は、自分が納得したことしか人生に取り入れない。**自分で納得したことなら、たとえうまくいかなくても後悔することはない。**

一方、いくら事がうまく運んでも、他人の指示に盲目的に、あるいは不本意ながら従って行なった行動なら、どうしても不完全燃焼感が残ってしまう。そのことの大切さを、大谷はこの言葉で私たちにわかりやすく教えてくれている。

人生の中で、私たちは何度も失敗に遭遇する。けれども自分でそれを選び、全身全霊を込めてチャレンジしたことであれば、失敗しても後悔は残らない。また次の目標に向かって進んでいけばいいだけの話だ。

逆に誰かの意見に従い、チャレンジしなかったとしたら、人生は順風満帆《じゅんぷうまんぱん》かもしれないが、どこかに不満が残ってしまう。

納得のいく生き方をしよう。過去は変えられないが、未来なら変えられる。自分の未来のあり方について深く思索する時間を取り、考え抜いたら、自分にとって最高の人生にするための行動を起こすべきだ。

長期的視点を持って考え抜き、自分が納得した生き方を貫こう。

MESSAGE

あなた以上に、
あなたを幸せにできる人間が
ほかのどこにいるだろう？

自分の100%が出せるのであれば、（手術を）やらないほうがいい。
だけどそうではないと思った。
100%、自分が投手としてパフォーマンスを発揮できる状態なのかどうか。
僕自身が楽しくフィールドでプレーしたい気持ちが一番です。

（2018年に右肘の手術を受けたことを決断した理由について触れて）

2018年10月1日、大谷は右肘《ひじ》のトミー・ジョン手術を受けた。手術を受けたあと、復帰までの期間は打者なら6カ月、投手なら18カ月といわれている。

事実、大谷が打者として復帰したのは2019年5月7日。投手としては、2020年シーズンが60試合の短縮シーズンであったこともあり、2試合、1回3分の2イニングしか投げていない。

大谷は、決断がとにかく速い。その理由は、彼の心の根底に、常に「最高の自分を実現するための選択をする」という、揺るぎない軸があるからだと私は考えている。

トミー・ジョン手術にしても、手術を回避する選択肢もなくはなかったが、回避して、あとで後悔することが嫌だったのだ。自分の問題は自分の力で解決できる、自分の人生は自分で決断できる——それが大谷の信念なのだろう。

人は誰でも、充実した人生を生きるだけの能力を十分に備えている。

あなただって、自分の力で十分に幸せを生み出すことができる。自分の人生に100%責任を持って生きてみよう。

自分の幸せは100%、自分の力でつかむという意識でいよう。

MESSAGE

それは本当に、
生涯を懸けてやりたいものか？
常に自分にクエスチョンを投げかけろ！

野球に関しては、それがとてつもなく楽しかったので、
今まで続いているんでしょうね。
算数が好きで得意だったら、数学者になればいいんです。
僕の場合は、たまたま野球だったんです。

（なぜ野球選手になったのかについて語った言葉　『道ひらく、海わたる　大谷翔平の素顔』佐々木亨〈扶桑社〉）

大谷にとって、「野球選手」という仕事は天職である。

高名な哲学者であるコロンビア大学教授のジョシュア・ハルバースタム博士は言う。

「私たちの選んだ職業は、運命が定めたものではない。自分で選んだものだ」

私たちの遺伝子の中に「メジャーリーガーになる！」とか、「数学者になる！」といった情報が書き込まれているわけではない。職業は「遺伝的特性」「好き嫌い」「興味」「好奇心」「実際の現場における快感」「時代のニーズ」「タイミング」などの要素を総合判断して、本人が決めるものだ。

しかし、とりわけ職業の選択は、大当たりすることもあれば、惨《みじ》めな結果に終わることもある。**これは、ある種のギャンブルである。**だからこそ感性を働かせて、自分の本能と対話してみよう。

「自分の最大の武器はなんだろう？」

「自分がもっとも興味を持っているものはなんだろう？」

たっぷり時間をかけていい。あなたの「天職」について真剣に考えてみよう。

あなたが一番輝ける仕事はなんだろう？

MESSAGE

選んだ道に間違いなし！
人生を全肯定する
超絶ポジティブシンキング

実際に「二つをやっている」ということが事実なだけで、
もしかしたら、片方をやっていたほうがいいのかもしれない。
でもやっぱり、二つをやっていたほうがいいのかもしれない。
そこには正解がなくて、
僕としては「やったことが正解」というだけなんです。

（二刀流の捉《とら》え方について語った言葉　『道ひらく、海わたる　大谷翔平の素顔』佐々木亨〈扶桑社〉）

うまくいこうが、うまくいかなかろうが、やったことはすべて正解。

この思いを持ちさえすれば、結果がどっちに転ぼうと、幸せになるしかない。

失敗を恐れて行動を起こせない人で、この世の中はあふれ返っている。「失敗したくない」という心が、人から行動する意欲を奪っている。

狩猟民族の血を受け継いでいる欧米人は、行動こそ生き残る唯一の方法であると信じている。

「自分で動かない限り、成功を手に入れることなどできない！」とか、「誰もやったことのない分野で一番になる！」という考えが、彼らの脳裏に渦巻いている。

一方、農耕民族の祖先のＤＮＡを受け継いでいる日本人は、「勤勉に働いて辛抱強く成功（収穫）を待つ」とか、「確実に手に入る自信のないものにしか手を出さない」という受け身の考えが強い。これでは宝の山を手に入れることは難しい。

ほしくてたまらない「宝の山」を手にするには、大谷のように**「やったことが正解」という意識で、とにかくチャレンジ**し続けよう。


「やったことすべてが正解」という意識を持てば気楽にチャレンジできる！

MESSAGE

一流のピッチャーは
バッターとなんて勝負しない。
では何と闘っているのか!?

今年は自分の球をしっかりと投げればいいのかなと、
割り切って投げてます。
そこは、相手のことよりも、
しっかりと自分の持ってるものを出そうということです。

（「2014年シーズンに心がけていること」について語った言葉）

バッターとの駆け引きにあれこれ思案しているうちは、まだまだ超一流のピッチャーとはいえない。あの「ハマの大魔神」こと現役時代の佐々木主浩《かづひろ》は、絶好調のときはキャッチャーのグラブしか見えなかったという。

彼はバッターの存在を消して、ただひたすら自分の得意のフォークボールを、キャッチャーのグラブめがけて投げていたのだ。

大谷にしても、ルーキーイヤーの2013年は、「一人ひとりのバッターに対して、どう投げなければいけないか」ということばかり考えて投げていたという。

でも翌年は、そこから脱皮して、**バッターが誰であろうと、自分の最高の球を投げることだけに意識を絞り込むこと**を悟り、彼は一段階、進化した。

相手が誰であろうとも、大谷は自分の一番得意な球をキャッチャーのグラブめがけて投げ込むことに命を懸けている。**相手との駆け引きよりも、自らの磨き抜いた飛び切りのワザを本番でぶつけることを優先させる。**そのような行動が、必ず道を拓いていくのだ。

相手に意識を向ければ心が乱れるだけ。自分の内に意識を向ける。

他人の規準で生きるから迷う。
この規準で
チャレンジしよう

MESSAGE

人と同じこと。
僕はそれが嫌いなタイプなんです。

（「人生のこだわり」について語った言葉）

大谷は、どんな大舞台でも、自分が主人公だと感じ、自説に従って行動する。たとえば、監督が何か言っても、自分の軸（持論）を曲げることはない。それは富や名声のためではない。

彼は、ただひたすら自分を成長させることに全精力を注いでいる。大谷にとって最高の快感がそこにある。

大谷のように、「自分が定めた信念」に従って行動する人間は強い。うまくいってもいかなくても、その結果によってモチベーションを下げることはない。たとえ打ち込まれても、自分の信念に基づいたやり方での結果なら、満足する。

何が自分にとって満足のいく結果なのか？ 会社や上司の評価でなく、自分自身の規準を持とう。人生に自分で定めた軸を持てば、他人が何を言おうと、気にする必要はないのだ。

だから、どんな状況に見舞われても動じないでいられる。 そのうえ、その軸を貫き通すことは、自分の目指す夢に最短距離で近づくことを可能にしてくれる。

自分の軸を持てば、他人の評価が気にならなくなる

MESSAGE

誰も見たことのない「その先」の世界へ！
「やってみたい！」
その想い一つを胸に旅立とう

走攻守、全てにおいてレベル100なんてあり得ない。
だから、どこまでそこへ近づけるのかが一番の楽しみですし、
現役のうちに出来る野球の技術、全てに取り組みたい。

（北海道日本ハムファイターズ時代に「自分が目指す目標」について語った言葉
『不可能を可能にする大谷翔平120の思考』〈ぴあ〉）

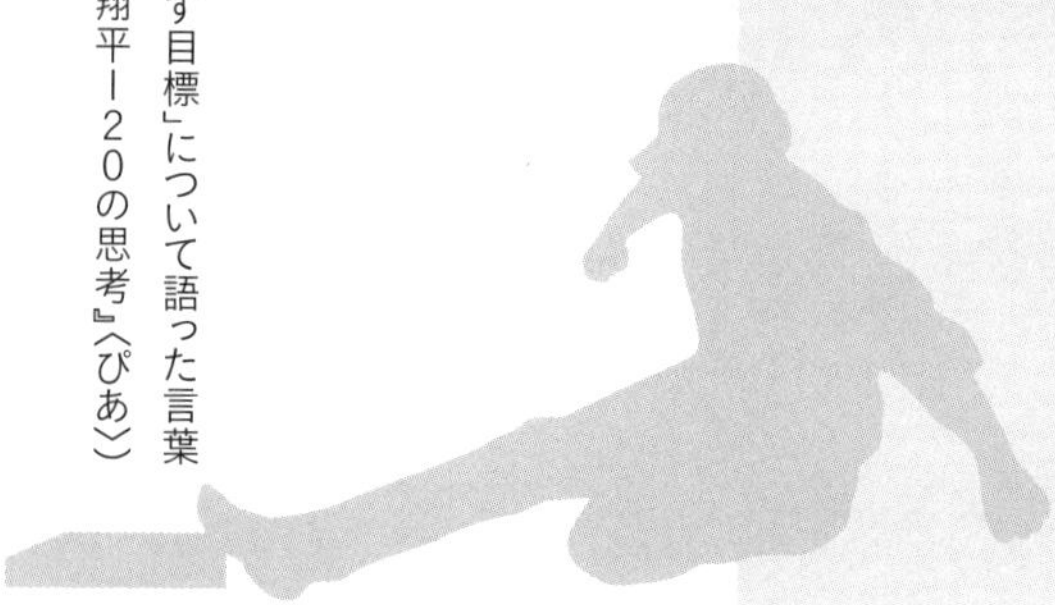

高校野球で、「四番、ピッチャー」を務める選手はまったく珍しくない。チーム内で一番いいピッチャーがたまたま一番いいバッターであるだけで、何も不思議なことではない。

ただ、役割分担の進むプロ野球界では、前例がなかっただけの話だ。

大谷が北海道日本ハムファイターズで二刀流に挑戦するときは、冷ややかなコメントがあとを絶たなかった。

「二刀流はケガの元」「二兎《にと》追う者は一兎も得ず」「プロを舐《な》めてはいけない」……。

しかし、2021年シーズン、大谷は見事にそれらの否定的な考えを払拭《ふっしょく》してみせた。シーズンを終えて、打者として打率2割5分7厘、138安打、46本塁打、投手として9勝2敗、奪三振156、防御率3・18。

彼はただ、自分がやりたい野球を、一貫してやり続けているだけだ。

世間にまかり通る常識に惑わされて、可能性を閉じてはいけない。

ひたすら大谷のように、自分が納得するやり方にこだわり、自分にとってのベストを尽くす。この姿勢を片時も忘れないでいれば、他人の冷ややかなコメントなどに、いちいち動じない人間になれる。

世間にまかり通る常識に、自分の夢を無理に合わせる必要はない。
心の底から湧き上がる夢や目標は大切に育てよう!

4章

仕事＝遊び。面白いから、集中力を存分に発揮できる！

OHTANI

忍耐強い性格ならチャンス到来！むしろ不器用なほうが人生はうまくいきやすい

わかっていてできる人が天才なら、
僕は、わかっていてもできないので
たくさん練習しなきゃいけない。
練習はそのためにある、ということなんじゃないですかね。

（2019年5月、肘の手術から復帰したあと、しばらく調子が出なかったことに触れて）

大谷ほど謙虚なアスリートを探すのは、簡単なことではない。

彼の謙虚さは、右ページの言葉にも滲《にじ》み出ている。

「天才」の呼称には、努力しなくてもすごいパフォーマンスを発揮できる人間という響きがある。しかし、そんな人間は、この世の中にまったく存在しない。生まれつきの素質を活用するだけでは、まずまずのアスリートにはなれても、「超一流」の称号を獲得するのは難しい。

むしろ超一流のアスリートには、少し不器用な人間のほうが似合っている。なぜなら、不器用な人間は、努力の割にはなかなか上達しないから、黙々と鍛錬し続ける忍耐強さが身につきやすい。そして彼らは、その忍耐強さをもって、絶え間ない鍛錬を積み重ねるから、最終的に偉大な才能を獲得できるというわけだ。

一方、器用な人間はしんどい努力をしなくても上達できる。だが、忍耐強さがないから、極める前に飽きてしまう。また、ひとたびスランプに陥ったら、そこから抜けるまでもがくことをしないから、それっきりになってしまう。

あなたはどちらだろう。もし不器用だったら、それはビッグチャンスかもしれない。

才能に溺れることなく地道な努力を積み重ねよう。

マルチタスクなんてナンセンス！情報の海に溺れない秘訣は「一度に一つ」

いくつかあるパターンの中で、
これがいいのか、あれがいいのかを一日に一つだけ、試していく。
一気に二つはやりません。
で、これがよかった、こっちはどうだったと、毎回試していく感じです。

（練習での「こだわり」について語った言葉）

大谷は、徹底した「シングルタスク」を貫ける仕事人である。

シングルタスクとは、一度に一つのことだけに集中して取り組むことであり、あれもこれもと、いくつもの作業を同時進行するマルチタスクとは対極にある概念だ。

情報技術の進歩により、私たちは簡単に、しかもほとんど無償で世界中の情報を取得できるようになった。しかし、その反動として、つまらない「ジャンク情報」を処理することに忙殺されて、時間という貴重な資源を浪費してしまっている。

アメリカのカリスマブロガーであり、することを減らして生きるシンプルライフを提唱するレオ・バボータ氏はこう語っている。

「私たちはマルチタスクの時代に生きている。なんでもハイテクで瞬時にアクセスできる現代人、私たちは情報やタスクの洪水に襲われてもがき続け、どんどん時間を奪われていく。（中略）だからこそ私は『シングルタスク』を強く勧める」（『減らす技術』レオ・バボータ〈ディスカヴァー・トゥエンティワン〉）

大谷のように、一度に一つのことに没頭して、心を込めて目の前の作業を行なう習慣を身につけよう。これこそが、あなたにすごい才能を与えてくれる。

欲張らないほうがトク。一度に一つのことに没頭しよう。

OHTANI

試合中に力を尽くすのは当たり前。強者はその「前」で差をつける

実際に僕ができることは野球です。
シーズンが始まることになって、
野球ができる態勢が整ったのに自分が整っていない、
というのが一番よくないことだと思うので、
いつ始まってもいいように準備をしながら、
野球で、できることをしたいと思っています。

（2020年のシーズンが遅れて始まることについて語った言葉）

大谷だけでなく、あの現役時代のイチローさんも、**「準備を完璧にする」**ことを最優先していた。もっといえば、一流のアスリートほど、**「ゲームが始まる前に、すでに結果は決まっている。周到な準備だけが勝負を決める」**という徹底した思考パターンを持っている。

一方、並みのアスリートは、「ゲームの最中にベストを尽くす」という古典的な思考パターンで臨む。しかし、ゲームでベストを尽くさないアスリートなんているはずがない。だから、「いかに準備に力を尽くしたか」が勝負を分けるのだ。

もう一つ、並みのアスリートの共通点は、勝ち負けにこだわりすぎることである。

競技スポーツには必ず相手がいる。相手がいる以上、片方が勝利すれば、もう一方は敗北する運命にある。

アスリートなら、「紙一重《ひとえ》の接戦での勝敗は、時の運」というおおらかさで割り切るべきだ。そして、勝ったときには相手の善戦を素直に褒《ほ》めたたえ、負けたときにも、ただ悔しがるのではなく、相手の勝利をたたえるべきなのだ。

完璧な準備をすることに全力を尽くそう。

なぜ一流は、「同じ練習」を延々と繰り返すのか?

やればやるだけ洗練されていくものだと思うので……
そこは数をこなすことが大事なのではなくて、
数をこなす分、よかった、悪かったの回数が増えていくことで、
それがより洗練されていくのにつながっていくんだと思います。
数が決まっているとそこまでたどり着けなかったり、
自分が思うスイングができなかったり
ということが出てきてしまいますから……。

(とことん打ち込むことの大切さについて語った言葉)

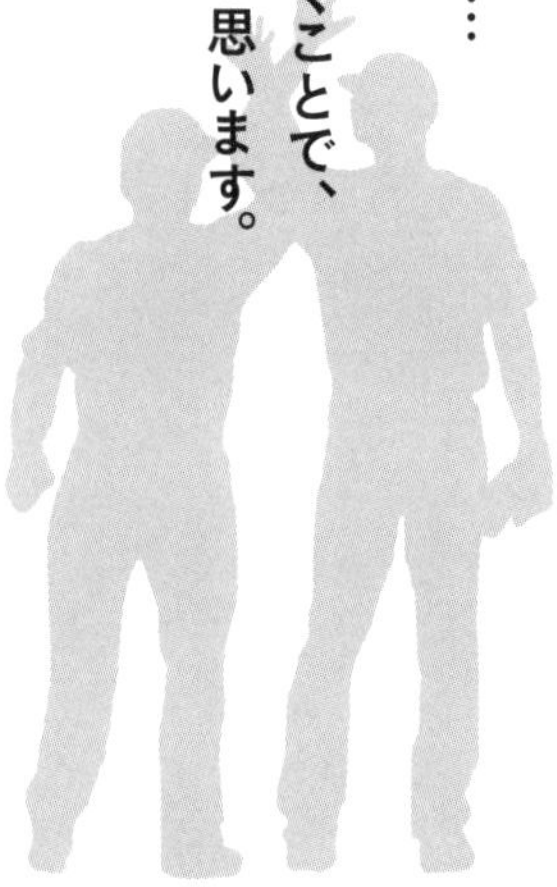

スポーツにおける「適正」は最低条件ではあるが、その競技に適した素質を持っているからといって、その競技で成功する保証はまったくない。

圧倒的な量の鍛練なくして一流のアスリートになり得た人間は存在しない。限界を超えて人を成長させる方法、「限界的練習」に関する研究で定評のある心理学者のアンダース・エリクソン博士は、こう語っている。

「これまでにさまざまな分野で実施されてきた多くの研究の結果を見れば、練習に膨大な時間を費やさずに並外れた能力を身につけられる者は一人もいない、と言い切って間違いないだろう」（アンダース・エリクソン、ロバート・プール著、土方奈美訳『超一流になるのは才能か努力か？』〈文藝春秋〉）

大谷ほど自発的に反復練習に取り組むアスリートは、そうはいないだろう。彼の言葉にもあるように、練習に膨大な時間を費やすから、初めて飛躍のヒントにたどり着けるのだ。

鍛練をしていけば、突然、今まで気づかなかったことに気づく瞬間がやってくる。それをつかまえにいくためにこそ、大谷は限界までのめり込むのである。

何度も反復して練習すれば、飛躍のときは必ずくる。

子どもにとっての「遊び」のような感覚で、今の仕事を楽しむ方法

どちらも両方あると思いますが、
誰かに勝ちたいと思ったことはあまりないので、
自分のできることが増えることが嬉しいという思いが強いですね。
たとえば、「何キロしか投げられなかったけれど、
練習してもっと速く投げられるようになった」とか、
そういうところで楽しんできました。（中略）
ゲームみたいな感覚ですね、自分を育成していくみたいな。

（「昔から悔しさをバネにしてきましたか？　それとも楽しさの中から上達してきたのでしょうか？」という質問に答えて）

大谷が野球にのめり込めるのは、仕事を趣味のように捉《とら》えて楽しんでいるからだと、私は考えている。子どものような無邪気さで野球に取り組んでいるから、大谷は疲れない。それだけでなく、大谷が強調する「自分を育成していく」という意識が、彼の作業に「没頭」と「楽しさ」を与えている。

最近、「ゲーミフィケーション」が注目を浴びている。これは、「たとえば仕事にゲームの要素を取り込み、楽しむ心を大事にして、モチベーションを上げて成果を出す仕組みを作る」ということである。

以下の三つの要素を取り込むことが、ゲーミフィケーションの原則となる。

1．たとえば、「時速160キロ」というように「目標を可視化」する

2．目標を達成したら、自分に「ご褒美を与える」

3．「成功を求めるのではなく、数多くチャレンジすること」に重点を置く

以上の三つを仕事に盛り込めば、どんな仕事もゲームと化して楽しくなる。趣味に没頭している楽しさで、仕事ができれば最高ではないか。

「ゲーミフィケーション」を仕事に取り込もう。

OHTANI

「好奇心」さえあれば、今の自分を脱却し進化できる！

ピッチャーだけをしていたら、
ピッチングでしか経験できない発見があるわけですけど、
ピッチングをやってバッティングもしていれば、
「楽しい瞬間」は、もっといっぱいあるんです。
そういう瞬間が訪れるたびに、
僕は投打両方をやっていて「よかったなあ」と思うんじゃないですか。

（野球の面白さについて語った言葉　『道ひらく、海わたる　大谷翔平の素顔』佐々木亨〈扶桑社〉）

なぜ私たちの祖先はある瞬間、突然進化したのか？

その有力な説の一つは、「好奇心」だ。

食べ物も豊富で天敵も少ない密林から、食べ物が不足し、しかも猛獣の多いサバンナに生活の舞台を移した人類の祖先がいたことと、人類の繁栄は無関係ではない。

なぜ、彼らはサバンナに移動したのか？

その理由は、「好奇心」以外に説明がつかないというのである。

子どもの脳が異常なほどの速度で進化していくことにも、好奇心は関係している。

自分の周りのほとんどが未知のものである幼児の脳内は、「なぜ？」という好奇心で満ちあふれている。それが行動を生み出し、その行動が未知の体験を獲得させ、結果的に彼らの脳の爆発的進化に寄与しているのだ。

「こう構えたらどうなる？」「こう投げたらどうか？」「こう角度を変えたら？」……。

大谷が偉大なメジャーリーガーになり得たのにも、こんな好奇心があったからだ。

好奇心が彼に「ひらめき」を与え、そのひらめきがさらなる好奇心を生み出した。

あなたも仕事の中に、好奇心をふくらませてみよう。


好奇心は常に発展するための原動力になる。

秘めた才能開花のために、「自分に才能はない」という先入観を捨てよ

OHTANI

先入観は、可能を不可能にする。

（大谷の「座右の銘」を問われて）

「タンクローリー車を使っていくら海水を汲み上げても、海の水が少しも減らないように、わたしたちがどんなに豊かな生活を享受しても、宇宙の豊かさは少しも影響を受けない。宇宙の豊かさは限りがないのだ。だから、気兼ねなく引き寄せの法則を用いて、身心ともに豊かな人生を送ってもらいたい。あなたが求めさえすれば、豊かな愛、喜び、健康、富、幸せがあなたのものになる」（『ジャック・キャンフィールドの「引き寄せの法則」を生かす鍵』ジャック・キンフィールド、D．D．ワトキンス著、菅靖彦訳〈PHP研究所〉）

私たちの能力の限界を決めているのは、私たち自身。

私たちの多くが、自分には、特別な才能はないと思い込んでしまっている。

しかしそれは、単なる先入観だ。その先入観があなたから夢を遠ざけている。

才能があるかないか、できるかできないかは、やってみなければわからない。

まず「自分の才能は無限だ！」というメッセージを何度も自分に言い聞かせて、自分の脳のプログラムを書き換えよう。

「自分には無理だ」という先入観を徹底的に削除することこそ最強の成功法則なのだ。

「自分の才能は無限だ！」と認識しよう。

とことん仕事を楽しもう。
中毒になれば快感になる！

野球が頭から離れることはないです。
オフに入っても常に練習していますもん。
休みたいとも思いません。
ダルビッシュさんからアドバイスをもらったりしますが、
一人でああだこうだ考えながらトレーニングすることが好きで、
それまでできなかったことができるようになるのが楽しいんです。
そういう姿勢は高校時代と変わりません。

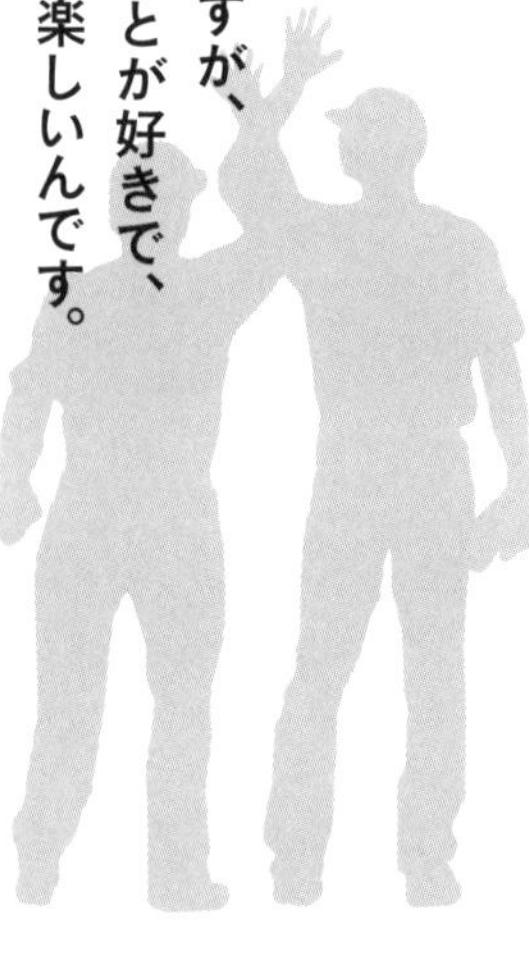

（練習で感じる楽しさについて語った言葉）

大谷ほど、人生のすべてを仕事に費やしている人間はいないのではないだろうか。「今はオフ」と決めたときでない限り、練習に明け暮れる。大谷にとって野球は仕事であるだけでなく、趣味でもある。

たとえば、２０１６年12月の優勝旅行で行ったハワイでも、同行した取材陣に「僕を捜さないでください」と言って、みんなに隠れて一人きりになって黙々とトレーニングをしていたという。

「仕事中毒」というと響きはよくないが、一流の仲間入りをしたかったら、「仕事中毒」は必要な要素だ。何かを極めるには、それなりの時間をかける必要がある。「人生の中に仕事がある」という感覚では足りない。「仕事の中に人生がある」くらいの強いこだわりがなければならない。

四六時中仕事の課題が脳裏に渦巻いている。リラックスしている最中にも仕事に関するひらめきが湧き上がってくる――そんな快感をあなたも味わってみよう。

本当に仕事を楽しんでいるなら、オフの切り替えなんてしなくていい。

ほんの1ミリでも、確実に進歩しているならOK！

去年より後退することはあり得ないし、してはいけない。
まずは去年の成績より前進することが目標です。

（3年目となる2015年シーズンに向けての抱負について語った言葉）

「日々前進」の旗を掲げることこそ、大谷のような一流のアスリートの共通点だ。並みのアスリートは、表に現れる結果でしか成長を感じ取れない。

しかし、実際はそうではない。たとえば、桜の木は毎年3月末に決まって美しい薄ピンク色の花を咲かせる。その直前まで桜の木には、ほとんど表向きの変化は認められないにもかかわらず。

桜の木は、私たちの目に見えないところで、1年間かけて開花する準備を着実に進めている。この事実から、私たちは、たとえ表向きには成果が現れなくてもモチベーションを落とさず、やるべきことを日々きっちり実行することの大切さを、学ぶことができる。

人生は、やってみなければわからないことだらけ。

「やってもムダだからやめておこう」と考えず、結果がどんなものであろうと、そこから次のチャレンジのヒントを得て新たな行動を起こす。そして、そこからまた何かを得る。そういうループ運動を続けることにより、私たちは確実に目標に近づける。

「日々前進」を心がけよう。

〝楽しい〟より〝正しい〟を上に置いて動く

高校時代、
「〝楽しい〟より〝正しい〟で行動しなさい」と言われてきたんです。
（中略）何が正しいのかを考えて行動できる人が
オトナだと思いますし、
今の自分はまだまだですけど、
制限をかけて行動することは大事なのかなと思います。

（大人としての行動について語った言葉）

〝楽しい〟か〝楽しくないか〟は、現代を支配する価値観の一つだ。

特に若者は〝楽しい〟を基準に行動しがちだが、同じ世代である大谷は〝正しい〟という指標を掲げている。私はそこに、よき指導者の影響を感じる。

嫌々するようなことばかりでは、何事もいい結果にならない。

夢を叶えるまでの道のりや、仕事を楽しむことは大切だが、本章の最後に一つ、心に留めておいてほしいのがこの「〝楽しい〟より〝正しい〟で行動しなさい」という言葉だ。


高校生の大谷をプロ野球で通じる選手に育てたのは、花巻東高校野球部の佐々木洋監督である。

一関《いちのせき》リトルシニア時代の大谷を見た佐々木監督は、当時のことを思い出して、次のように語っている。

「雄星《ゆうせい》（菊池《きくち》雄星）という素材と出会ったばかりだったので、初めは〝まさか〟と思いました。（中略）実際に中学生の大谷を映像で見て本当にビックリしました。雄星ほどの投手にこんな早く出会えたかと、見た瞬間思いました」（『大谷翔平　北海道日本ハム

ファイターズ』〈ベースボール・マガジン社〉)

チームの勝利と大谷の将来という狭間《はざま》で、佐々木監督は一番いいバランスを考えながら大谷を丁寧に育てていった。

自分もそうした恩師に出会っていたら、人生はもっと違ったものになっていたはずだ、と思う人がいるかもしれない。しかし、あなたも今、この本を通じて「〝楽しい〟より〝正しい〟で行動しなさい」という佐々木監督の言葉に出合ったことは、まぎれもない事実であり、幸運な出来事だ。

今日から、この言葉を行動の指針に加えよう。

どんなに楽しくても、正しくないことには手を出さない。

5章

根拠はなくても！
自分に期待し、運まで味方につける思考法

根拠なんてなくていい。ただ「そう思うからそうなる」と暗示をかけよう

SHOHEI

いいスイングができれば、
（投球が）高くても低くても、
内でも外でも、ホームランにできると思っている。

（自分の打撃論について語った言葉）

欧米人は小さい頃から、親や教師や上司から徹底してポジティブなメッセージのシャワーを浴びせられる。だから、自信満々の人間に育つ。一方、日本人はどうだろう？　教育現場、特にスポーツの現場では、相変わらず「叱りの教育」がまかり通っている。だから、どうしてもネガティブ思考に陥ってしまう。

スポーツ心理学における重要なスキルに、自己暗示がある。

「私は着実に進化している！」、「私は野球に向いている！」といったポジティブなメッセージを頻繁につぶやくことで、私たちは自然に自信満々の人間に変身できる。大谷は飛び切りのポジティブ思考の持ち主だ。彼は言う。

「子どもは〝プロ野球選手になりたいです〟って言うじゃないですか。子どもはそういう制限をかけないのかと思います。周りの大人の人たちの前で、声を張って言える子どもが実際、プロ野球選手になっているんだと思います」（『不可能を可能にする大谷翔平120の思考』〈ぴあ〉）

根拠なんていらない。制限をかけず、飛び切りのポジティブ発言をしてみよう。

発する言葉から「ポジティブ」に変えていこう。

SHOHEI

成果を期待され、プレッシャーを受けることだって、仕事をするうえでは「幸せ」だ！

今の楽しさは、キツいのをクリアしたときとか、なんとか頑張ってできるようになったときとか……数字が出たときもそうですね。毎日、野球をやっていると思い通りにいかない日もあるし、苦しいんですよ。小さい頃はそういうことはなかったんでね。別に打てなくてもチームが勝ったら楽しいし、トーナメントの緊張感もありましたし、そういう純粋なものが多かった。今は全然、種類が違うな。純粋じゃないのかな（笑）

（子どもの頃と今の楽しさの違いについて語った言葉）

大谷は常に「自分を幸せにするものは何か？」について、探し続けている。

それは「年俸」でも、「タイトル」でもない。彼にとってはどちらも、あくまで副次的なご褒美でしかない。

仕事と趣味の決定的な違いは、仕事は成果を求められるのに対し、趣味はそれを求められないこと。逆にいうと、成果を求められることは、趣味のように仕事を楽しんでいる人間を、常に苦しめ続ける。

ただ、大谷のような一握りの一流の人間は、多くの人々が感じるこの「苦しさ」を、「喜び」に変えてしまう術に長《た》けていることも事実だ。

人から期待され、目の前の仕事と格闘していく苦しさは、それを達成したときの喜びと一体になっている。切り離せない、コインの裏と表なのだ。

その喜びをしっかりと頭の中に叩き込んでおけば、苦しさにも耐えられるだろう。

趣味的な喜びを感じながら、プレッシャーをも楽しんでいけるのが、本当の意味での仕事の醍醐《だいご》味《み》になる。


期待を背負うしんどさは、同じだけの喜びや達成感をもたらす！

SHOHEI

リアルな「視覚的目標」も大事。目の前の憧れの先輩を夢のターゲットに！

（菊池雄星さんは）目標にしていますし、
何もかも上だなと思う。
中3のときも今でも、
そういう位置にいてくれるのは助かるし、
僕としても嬉しいです。

（2014年に高校の先輩である「菊池雄星への思い」について語った言葉）

シアトル・マリナーズの菊池雄星選手は、花巻東高校で大谷の3年先輩だった。甲子園で活躍する菊池に憧れて、大谷が花巻東高校を選んだのは有名な話である。

２０１４年7月2日、この日、大谷と菊池の2度目の対戦が実現する。試合は二転三転し、菊池が所属していた西武が勝利するが、二人の成績は、菊池が6回6安打5奪三振1失点。大谷は7回7安打12奪三振2失点。対決に勝負はつかなかった。

その前年のオールスターゲームでの大谷と菊池の共演も見物だった。6回にマウンドを降り菊池にバトンタッチし、レフトのポジションについた大谷は、強烈な打球をキャッチしてノーステップで二塁に返球。アウトにはならなかったが、走者は慌てて二塁に戻った。

菊池はベンチ前にて笑顔で大谷を迎えた。そして、「強烈な打球を捕って（走者を）刺しにいってくれた。改めていい後輩だな」と讃えた。

身近に憧れの先輩が見つかったら幸せだ。目に見えるモデルが存在するだけで、ぐっと成長スピードは上がる。何もすべての面で尊敬できなくてもいい、部分的でもいい、その一点に追いつくために日々研鑽《けんさん》しよう。

追いつくための「見本」を探そう。

SHOHEI

「大谷」で勝てないとき、こう考える。「ダルビッシュならどうするか？」

投手だったら、ずっと憧れていたのは
ダルビッシュ有さんみたいな選手です。
ストレートも変化球も意のままに操り、マウンドでのオーラというか、
打者を圧倒する気迫あふれるピッチングスタイルも好きですね。
自分もそういう選手になっていたいです。

（2014年に自分が憧れる選手について語った言葉）

大谷にとってサンディエゴ・パドレスのダルビッシュ有選手は「メンター」である。メンターとは仕事上の指導者・助言者のことで、古代ギリシアの詩人ホメロス作とされる叙事詩『オデュッセイア』に登場する賢人メントールに由来するという。メントールはオデュッセウスがトロイアに遠征するとき、彼の息子テレマコスの養育を任されたうえに、オデュッセウスに勝利を導く貴重な助言も行なった支援者だった。

ダルビッシュが大谷に直接アドバイスを送るわけではないが、大谷はダルビッシュの「生きざま」や「考え方」を自分の人生に投影している。どういうことかというと、**「こんなとき、ダルビッシュさんならどうするだろう？」**と考えてみるのだ。すると、今の自分では思いつかない解決法が浮かんでくるという。

ただやみくもに自分をレベルアップさせようとするのは、暗闇の中を手探りで進むようなものだ。それよりも、メンターを見つけ出してその人間に近づくための努力を積み重ねよう。それがあなたの急速上達を実現させてくれる。

「生きざま」や「考え方」を追いかけたくなるメンターを見つけよう。

SHOHEI

仕事を「好き」になれば、自然と結果はMAXになる。それは決して難しいことではない！

ストイックというのは、
練習が好きではないというか、
仕方なく自分に課しているイメージ。
そうではなくて、僕は単純に練習が好きなんです。

（練習への取り組み方について語った言葉）

「好き」という感覚は、あなたが感じているよりも何倍も、いや何十倍もすごいパワーを持っている。好きという感覚は、目の前の作業にのめり込んだときに自然発生的に生まれる感覚である。右ページの言葉に続けて大谷はこう語っている。

「『趣味感覚』といえばおかしいかもしれないけど、練習はやりたいと思ってやるだけ。無理してやるわけではないんですよ」

何事であれ、表層をサラッとなぞるだけでは「面白い」という感覚は湧いてこない。ただひたすら深く掘り進んで初めて、私たちは本当の面白さを発見することができる。それが「好き」という感覚を着実に増大させていく。その結果、新しい発見があり、さらに「面白い」という感覚を増幅させる。

大谷の感覚センサーは飛び抜けて鋭いから、ほんの微妙なスイングやフォームの違いも敏感に感じ取れる。

「好き」という感覚が、それを可能にさせているのだ。

仕事に対して「好き」という感覚を掘り下げよう。

SHOHEI

優れた本を読むほどに、心も運も強くなる

スティーブ・ジョブズの言葉は元気をくれます。
だから自分が思い悩んでいることが、
すごく小さなことだと思えたりする。
ラクになれるというか……自分が変わるための、
いいきっかけになってくれるんじゃないか、と思って読んでいるんです。

（「大好きな偉人の言葉」について語った言葉）

大谷は、〝8球団からドラフト1位指命を得る〟という超ハイレベルな目標を達成するために、「運」を味方につけることを手段の一つとしてあげていた。そして、運をつけるための行動の一つとしているのが、「本を読む」ということだ。

本は、飛躍のヒントや情報の宝庫だ。通常なら、接するチャンスのない人物の、深い思索に触れることができる。

「他人の意見で自分の本当の心の声を消してはならない。自分の直感を信じる勇気を持ちなさい」

これは、私も大好きなアップルの創業者、故スティーブ・ジョブズの言葉だが、私には、この言葉と、大谷の生き方がピタリと重なる気がしてならない。

そして、こうした言葉に救われ、前進していくところに、大谷のすごさの源泉を見る思いがする。ジョブズは、日々、「自分の本当の心の声」を信じ、それに忠実に従うことで、あるべき自分と成功を手に入れた。さらには世界をも変えた。

道を極めた人物の言葉には必ずなんらかの真理がある。だから示唆に富んでいるのだ。

偉人の名言を心のエネルギーにしよう。

SHOHEI

「運」は自分で見つけるもの、拾えるもの

他人がポイッて捨てた運を拾っているんです。

（自分が心がけている「ゴミ拾い」について語った言葉　『不可能を可能にする大谷翔平120の思考』〈ぴあ〉）

大谷は高校1年生のときに「目標設定シート」を作成している。

彼が定めた目標は、「8球団からドラフト1位で指名される」だ。そしてそれを実現するための行動目標として、「メンタル」や「スピード160km／h」「キレ」「体づくり」など八つのテーマを設けているが、そのうちの一つに、大谷は**「運」**と記している。

そしてその運を引き寄せる具体策として、**「ゴミ拾い」「部屋そうじ」「あいさつ」「審判さんへの態度」「道具を大切に扱う」「プラス思考」「応援される人間になる」「本を読む」**といった要素をあげている。

大谷は、ゴミが落ちていたとき、拾わずに通り過ぎようとすると、ゴミから「お前、それでいいのか？」と呼ばれているような気がするという。

一つゴミを拾うたびに運がたまる。

ゴミを見つけることが楽しみに変わっていく。

こんな発想をするアスリートに、私はお目にかかったことがない。


自分の良心に恥じない善行の積み重ねが、天運を引き寄せる。

SHOHEI

いつだってどこだって、「研鑽したい」と感じたらする

キャンプ中、休みの日に打ち込みをやったのも、
打ちたくなったから打っているだけなんです。
子どもがボールを打ちたくなって、
バッティングセンターに行くような感覚ですね。

（「練習に対する普段の心がけ」について語った言葉）

大谷は、子どものように、練習したいから練習する、バットを振りたいから振るという感覚を大事にしている。

子どもが遊んでいる様子を観察してみよう。彼らは何も考えずに、「無心」でその動作だけに意識を集中させていると言っても過言ではない。

仏教用語としての「無心」とは、「一切の妄念《もうねん》を離れた心」のこと。あるいは、一般的に「無邪気」というニュアンスもある。大谷が休みの日でもバッティングの練習をするのは、無心がそうさせている。それは子どもが遊んでいるときの感覚に近い。

著名な哲学者のジョシュア・ハルバースタムはこう語っている。

「私たちは仕事によって、望みのものを手に入れるのではなく、仕事をしていく中で、何を望むべきかを学んでいく」（『仕事と幸福、そして、人生について』ジョシュア・ハルバースタム著、桜田直美訳〈ディスカヴァー・トゥエンティワン〉）

目的もなく、無心でやっていては、何も得られないのではないかと懸念するのは大間違い。**無心で何かに打ち込んでいれば、おのずと望むべきものが見えてくる。**大谷はそれを見つけたくて、今日も無心にバットを振るのだ。

「無心」という感覚を大事にする。

SHOHEI

天才打者イチローは、前代未聞の〝二刀流選手〟をどう評価した？

ポテンシャルについては、まさに言わずもがな、でしょう。
個人的な興味としては、ピッチャーとバッター、
それぞれを年間通して見てみたい。
サイ・ヤング賞をとった翌年にはホームラン50本で本塁打王。
そんな空想でもしないことを現実に可能にできる可能性がある選手が、
この先の未来に出てくるのでしょうか。

（イチローさんが大谷への期待を込めて語った言葉）

２０２１年7月21日、遠征でマリナーズの本拠地シアトルのT‐モバイル・パークを訪れた大谷は、マリナーズの会長付特別補佐兼インストラクターを務めるイチローさんと再会した。チームの練習に付き合って右翼の位置にいたイチローさんのもとに大谷が駆け寄って握手し、約３分間談笑。二人で記念写真に収まるなど終始和やかな雰囲気に包まれる。

大谷にとって、ＷＢＣ２００９年第2回大会決勝での韓国戦の10回表二死二、三塁の場面で、イチローさんが決勝打を放ったシーンは衝撃的だった。

当時中学2年生だった大谷は、決勝打となったセンター前ヒットを見て、**「プロ野球選手になる！」**という思いを強めたという。

大谷にとってイチローさんは青春時代のヒーローであり、プロになってからは、師匠とすべき人物であるメンターに変わった。

ヒーローとメンターは同一人物でもいいし、もちろん別人でもいい。あなたにとってのヒーローが、あなたに「自分には何ができるか」を教えてくれる。

子どもの頃のヒーローを思い出してみよう。

リーダーの「いいところ」を部下として引き出していこう！

サイ・ヤング賞の候補になる。
すべての賞で候補になる。
三冠王は難しいかもしれないが、ほかのすべてが候補だ。
今夜彼が成し遂げたことでさらに注目されることになるだろう。

（2021年8月18日に大谷が打者として40号本塁打、投手として8勝をあげたゲーム後に、エンゼルスのジョー・マドン監督が語った言葉）

２０２１年8月18日、大谷は敵地のデトロイトでタイガースと対戦、「一番・投手」として投打同時出場を果たす。8回に節目の40号本塁打を放ち、投手としても8回1失点の好投により、３対１で勝利。8勝目をあげた。

試合後、マドン監督は右ページのようなコメントで大谷を大絶賛した。

マドン監督は、その実績から最優秀監督賞を3度も獲得しているメジャーを代表する名将である。特に圧巻だったのは、２０１６年シーズンである。彼は、シカゴ・カブスを率いて71年ぶりのナショナル・リーグ優勝を達成。チームを１０８年ぶりのワールドシリーズ制覇へと導いた。

２００７年シーズン、当時タンパベイ・デビルレイズを指揮していたマドン監督のもとでプレーした岩村明憲《あきのり》氏は、当時を振り返って、こう語っている。

「（ジョーは）思いやりのある、すごく人情味にあふれている監督。いろんな意見を言ったけど、ぶつかったことはゼロ。（中略）１回１回、時間を取ってしっかり答えてくれた監督でもあった。懐の深さを感じたね」（「Full-Count」２０１６年12月19日配信）

選手の率直な気持ちを引き出すマドン名監督のもとでプレーできる大谷は、幸せ者である。
むろん監督は自分で選べないし、会社員であれば、上司を選べない。しかし、「自分がどんなリーダーと仕事をしたいか」という理想を持っておけば、仕事上での人間関係を作っていくうえでの指針になるだろう。

どんな人物が優れたリーダーか、普段から考察しておこう。

6章

悩んだとき、迷ったとき。「進化」をもたらすチャンスは、こうつかむ!

数字はウソをつかないが、「すべて」を表しているわけではない

まず「数字」というのは絶対的なものだと思うんです。
数字にはウソがない。
数字が結果を表しているので。
かたや、「科学的データ」というのは、
プレーヤーにとってはそのデータ結果と
「感覚的なズレ」が生じるときがあります。

（野球におけるデータの重要性について語った言葉）

スポーツのみならず、ビジネスの世界においても、数字（成績）によってその人間の力量は判断される。だから、この過酷な競争社会において、数字をしっかり残さなければ生き残っていけない。

しかし、数字はあくまでも「過去の成果」を表したデータにすぎない。しかも今年の成績がよくても、来年の成績が保証されるわけではないし、今年の成績が振るわなくても、来年の成績が悪いとは限らない。

こうした数字の意味を大谷はありのままに受け入れ、「現状を打破して、よりよい数字を出すための最高レベルのモチベーションを発揮する」糧《かて》とする。この姿勢だけは忘れてはいけない。

あるいは大谷にとっては、身体感覚が主役であり、科学的データは脇役でしかない。データは無駄な努力を省くために活用すべきもの。だから大谷が対戦する打者や投手のデータを頭に入れておくことは、もちろん戦術的に重要なことだが、あまりデータに頼りすぎると彼独自の感性やひらめきが引っ込んでしまう要因になる。数字やデータとうまく距離をとって付き合おう。

「数字」や「科学的データ」を盲信《もうしん》せず、うまく付き合おう。

試行錯誤の数が そのまま、貴重な経験値に変わる

僕は、フライを常に打ちたい打者です。

だからといってバットの軌道を下から上に上げていく直線運動だとフライにならない確率が多い。ダウンスイングでも厳しい。（中略）

一番いいイメージは「V字」のようなダウンしたあとに上に上げていくような軌道ではあるのですが……。

でも、それにしなければ、というのもないんです。

毎日の打撃練習などで、そのときの一番フライが上がりやすい軌道を探している、というのがわかりやすい説明じゃないですかね。


（自分の打撃論について語った言葉）

大谷の成功は**「ディープシンキング（深い思索）」**と無縁ではない。

彼は実際にバットを振って、「ああでもない、こうでもない」という試行錯誤を繰り返しながら、独自の理論を築き上げてきた。

一つの問題について自分なりの考察を進め、「これについてなら自分は専門家だ」といえるような武器を、あなたは持っているだろうか？

今の情報化社会は、「広く、浅く」という思考パターンがまかり通っている。しかし幅広い知識だけなら、インターネットを検索すればすむ話だ。他者に差をつけることなどほとんどできない。

そしてＡＩ（人工知能）の急速な発達により、これからの時代は、**まだ、パターンに落とし込まれていない心の機微を見抜いたり、深く思索できたりする人間だけが生き残る**だろう。

むろん、頭の中で考えているだけでは前に進まないことも、また多い。そんなときには実践することによって検証してみる。それこそがディープシンキングの肝《きも》である。

仕事のテーマについて深く考える習慣を身につけよう。

大谷は、
打席でボールをバットに当てる技術を磨く。
あなたは何を磨く？

あくまでも理想は何も考えずに、
来た球をホームランにする。
これが究極というか、一番良いバッターだと思います。

（自分が理想とするホームランバッターについて語った言葉
『道ひらく、海わたる　大谷翔平の素顔』佐々木亨〈扶桑社〉）

私たちがコントロールできるのは「目の前の一瞬」しかない。過去や未来ではない。

ただ、大谷ほど、「目の前の一瞬」に命を懸けるアスリートはそれほど多くない。

飛んできたボールをバットの芯で弾き返して外野席に放り込む。そう考えれば、バッティングという行為はとても単純なものになる。大谷は、極限まで物事を単純化して追求するスキルを身につけている。

この情報社会で、多くの人々が使い物にならない多量の「ジャンク情報」を収集して自己満足している。そこに思考の深みはなく、当然ひらめきは生まれてこない。

動機には「主体的動機」と「受動的動機」の2種類があるが、自分自身が率先して行なうことにより主体的動機が生まれ、その姿勢が次々に斬新なひらめきを生み出す。一方、他人から指示されて取り組む「受動的動機」では、ただ義務感で不承不承《ふしょうぶしょう》行なうため、斬新なアイデアは生まれにくい。

現代は大谷のように、「ボールとバットのコンタクトを最高のものにする」という主体的で単純なテーマと格闘して、現状を打破していく姿勢が求められている。

主体的動機を持つことで、斬新なひらめきを呼び込もう。

アスリート大谷は、iPadやスマホをどう活用しているか

変わるときは本当に一瞬で変わる。
地道な努力も必要ですけど、
ひらめくきっかけがほしい。
きっかけさえつかめれば技術も上がるんです。

（動画でフォームをチェックしていることに触れて）

脳が何かひらめいてくれることを期待して、大谷はイメージトレーニングを習慣化させている。そのイメージトレーニングとは、他者のフォームを繰り返し動画で確認することだ。

「（フォームの動画は）iPadで見るし、移動中は携帯でも見ます。自分の映像よりほかの選手を見ることが多い。左投手もサイドスローの投手も打者も見ます。人の映像を見て、自分にどうつながるかに興味があるので。寝ていても、何かひらめくときがある。もっとこういうふうに投げたらいいんじゃないか、こう足を上げたらいいんじゃないかとか」

そう大谷は言っている。明らかに脳のイメージ処理機能をフル稼働させながら、ひらめきの出現を待っているのだ。

他者の素晴らしい仕事や作品、作業の進め方を何度でも見よう。できるだけ真近で見させてもらおう。それを習慣化させて、ひらめきの瞬間を待とう。これこそが、私たちに飛躍の機会をもたらす重要なメソッドである。

憧れの人の仕事のやり方や、その人の手がけた作品を何度も見てみよう。

天才と凡人の違いは小さい。逃げ足が速いひらめきやチャンスは「その場で」全力でつかまえよう

寮だと動画を見ていて、「あっ、これ、いいかな」と思って、
すぐにウェイトルームの鏡を前にして
シャドーピッチングをすることもある。
すぐに体を動かせる環境がいいんです。
いきなりひらめくので、
そこで実践しないと次の日に忘れている可能性が高い。
そういうことが楽しいですね。

（寮生活の楽しさについて語った言葉）

努力をしても成果があがらないときに、「あっ、これいいかも！」という、ひらめきや気づきが訪れたらチャンスだ。

人生にブレークスルーを起こし、壁を突破することを可能にするのが、「チャンスがきた瞬間の行動」だ。あなたなら、どう動くだろうか？

チャンスは、予告なく突然現れる。しかも、その場でつかまなければ、また一瞬でどこかに行ってしまう。忘却の彼方に消え去ってしまう。

それを大谷は知っている。だから彼は、ひらめきが訪れたら絶対にその場でつかまえようとする。全力で逃がさないようにする。つかまえるというのは、具体的には、**「体に記憶させたり」「紙に書き留めたり」**するということだ。

だが、凡人は、この簡単な作業を怠るせいで、せっかくのひらめきをつかまえ損ねてしまう。人生に飛躍をもたらしてくれる貴重なチャンスとの出合いに、もっと敏感になろう。日々、小さなチャンスを拾い続けていけば、あなたは、自身の想像を超える高いステージに引き上げられるだろう。

小さなチャンスに敏感な人間になろう。

迷ったら素直に直感を信じる

（左打ちか右打ちか）どちらにしようか迷っていて、
お父さんがお風呂に入っているときに、
〝バン〟とドアを開けて、
「俺、どっちで打ったらいいの？」っていきなり聞いて。
「打ちやすいほうで打てば？」って言われて
「じゃあ、左打ちにしよう！」って言ったのを覚えています。

（古い自分の記憶について語った言葉）

直感を味方にできた人は飛躍する。

直感の対極にあるのが論理である。両者は処理している脳の領域がまるで違う。どちらも思考として捉えられているが、もっとも異なるのは、「出力されるまでの時間」にある。直感は瞬時に浮かび上がり、主に右脳主導で働いている。一方、論理による導きは、とにかく時間がかかる。これは、左脳が得意としているワザである。

大谷が左打ちを決めたのは、間違いなく論理ではなく直感であることが、右ページの言葉からわかる。

試験や問題に対して答えを導き出すとき、最初に直感で出力された決断が、たいてい正しい。なぜなら時間がかかればかかるほど、その決断は論理に頼ることになるからだ。

大谷も自分の人生の中で、論理よりも直感に従う決断をたくさん下してきたはず。

時間をかけて考えても答えの出ない問いは、潔く最初の直感に従おう。

しばらく考えても答えが出ないときは、最初の直感を大事にしよう。

数あるチームの中から、エンゼルスを選んだ理由はなんだったのか

まっさらな気持ちで、
何もなく各球団の方々と話させてもらいましたし、
本当にオープンな気持ちで話していく中で、
ここ（エンゼルス）にお世話になりたいな、と。
何か縁みたいなものを感じました。

（ロサンゼルス・エンゼルス入団の記者会見で語った言葉）

大谷の移籍先の決定には数々のドラマがあった。彼の代理人ネズ・バレロは2017年12月3日、二次審査に進む7球団（ドジャース、エンゼルス、ジャイアンツ、マリナーズ、カブス、レンジャーズ、パドレス）を発表。

そのプレゼンでは、どのチームも、オーナーやGMだけでなく、監督やスター選手を揃えて球団のアピールをした。エンゼルスに決定したあと、大谷は最終的に1球団に絞り込む悩みを、入団記者会見で、次のように打ち明けた。

「『お願いします』という球団があるということは、ほかに断らなきゃいけない球団が出てきてしまう。すべての人にとって『いい人』になれない（中略）。すごく悩みました」

人生には、運命を左右する重大な決断をしなければならないときが必ずある。そんな重要で難しい決断に迫られたとき、知識や理屈に頼るのではなく、感性や直感を精いっぱい働かせよう。大谷の**「縁みたいなものを感じました」**という言葉に、エンゼルスを選ぶ際、彼が知識や理屈に頼らなかったことがうかがえる。

ここ一番には、「理屈」より「感覚」や「縁」を信じる。

一人で黙々と自分の仕事について研究する。そんな姿勢がこれからのトレンドだ！

甘いボールが来たらそれを打つのが仕事なので、
そこは大事なんですけど、その甘いボールを
自分で持ってきているのかどうかがものすごく大事なんです。
たまたま来た甘いボールをホームランにできたからといって、
それが常にいいことなのかというと、それはまた違う話で、
実際、そうできていない打席のほうが今は多いんです。

（自分の打撃論について語った言葉）

大谷の打撃論はかなり深い。

たぶん大谷の脳内では、四六時中打撃についての思索が駆け巡っているはずだ。決められた勤務時間だけ働いて、それ以外は仕事を忘れてリフレッシュすることも、時にはいいだろう。しかし、年がら年中リフレッシュばかりしていては一流の仕事人の仲間入りはできない。最重要の懸案事項を頭の中に叩き込んで、思索に思索を積み重ねてひらめきを待つ。この姿勢を片時も忘れてはいけない。

今、「ディープ・ワーク」なるものが欧米で注目されている。この言葉の生みの親であるカル・ニューポート博士は、ディープ・ワークを以下のように定義している。

「認識能力を限界まで高める、注意散漫のない集中した状態でなされる職業上の活動で、こうした努力は新たな価値を生み、スキルを向上させ、容易に真似ることができない」（『大事なことに集中する』カル・ニューポート著、門田美鈴訳〈ダイヤモンド社〉）

大谷は一人きりで練習することを好む。

あるとき彼は、**「練習を誰かと一緒にやるのは嫌です。トレーニングを見られるのも嫌です」**と語っている。

一人きりになって大谷は、懸案事項の解決のために、深い思索とともに実際の行動を交えながら、何度も何度も試してみているのだろう。そんなふうに、一つの仕事についてとことん追求してみてほしい。

自分の仕事について深く思索しよう。

7章

無理にポジティブになる必要はない！
心を守りながら、うまくいかせるコツ

MESSAGE

世界で活躍するために、彼はこの「日本人気質」を打破した

どうでしょう。（メジャーが）大味だなとも思わないですけどね。
僕は日本で野球をやっていて、
無死走者一塁で送りバントをしてくれるのは
本当にラッキーだなと思っていました。
1死二塁にしてくれるならあと二人、三振を取ればOKなので。
走者一塁からの長打のほうが怖いです。

（メジャーの「フライボール革命」について語った言葉）

日本のプロ野球とアメリカのメジャーの決定的な違いは「守り」と「攻め」だ。あなたは誰もが知っている野球用語、「ストライク」の本来の意味を知っているだろうか？　この言葉の解釈は、日米でまるで違う。

日本のプロ野球では、投手に対して「ここに投げなさい」と要求した領域に、正しく入ったボールのことをストライクという。だから、日本人コーチは打者にこんなアドバイスをする。「微妙なストライクは選球眼を使い、見送って四球で塁に出ろ！」

しかしアメリカでは「ストライク」という言葉は本来、「バットでボールを叩く」という意味だ。だから打者はこの領域にボールが飛んできたら、必ずバットを振らねばならない。もしも見送って三振に打ち取られたら、その選手は即刻マイナー行きになることも珍しくない。

つまり、「動くときに動け」がアメリカ社会の掟《おきて》。これはビジネスの世界でも同様で、チャンスとあれば結果を恐れないで、果敢に行動を起こすことが求められる。

そんなアメリカの多くの企業の後塵《こうじん》を拝しているのが、現在の日本企業だ。今こそ日本人は意識改革が必要なのではないか。


「動くときには動く」ことが、世界では求められる。

MESSAGE

チームワークを優先するより、「自分勝手」を貫くほうがチームに貢献するときもある

基本的に自分ができることはあまり変わりません。
基本的には自分はこれができる、これが自信があるというところを、
チームのために必要なポジションで発揮できれば、
十分（試合で）使ってもらえるんじゃないかと思っています。

（2019年シーズンを終えて、エンゼルスのジョー・マドン新監督の期待に応える意欲を語った言葉）

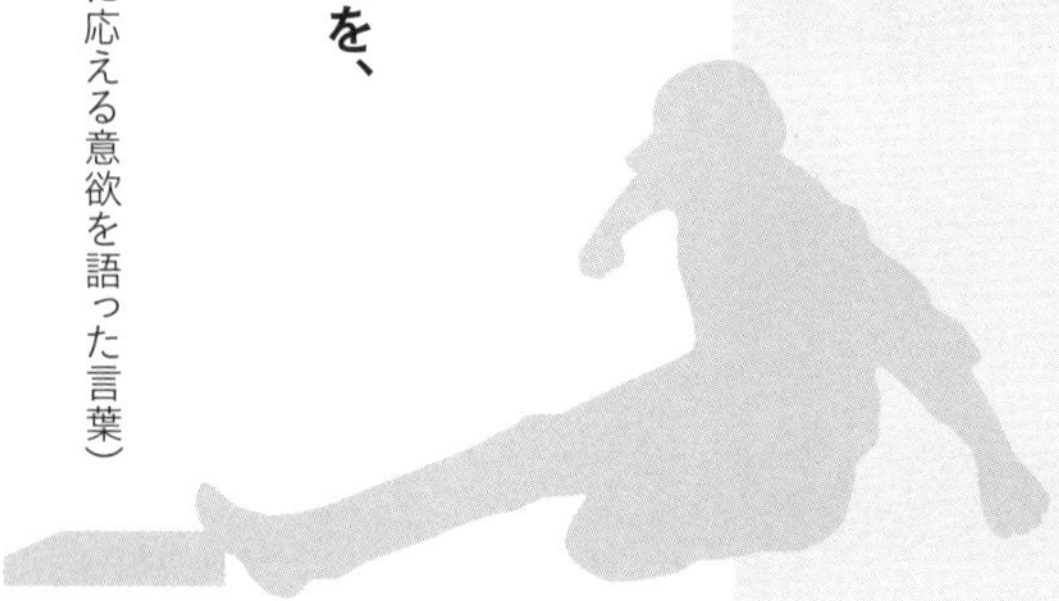

いくら才能に恵まれていても、野球がチームスポーツである以上、監督に使ってもらえなければ選手はゲームに参加することすらできない。

メジャーでは、監督が試合前の選手に、「今日はチームワークを発揮して勝利するぞ！」などという声をかけることはない。日本の野球では、ほかの選手との協調性が重要視されるが、メジャーでは協調性よりも、「個の力」を目いっぱい発揮できる選手だけに出番が与えられる。

「一人ひとりの選手が自分の得意技を目いっぱい発揮すれば、自然にチームはまとまる」というのが、メジャーの常識なのだ。

メジャーの流儀とはそういうものであるなどと、監督が選手に懇切丁寧に指導してくれることは、ない。かといってそうした流儀を知らなかったせいで、個の力を発揮することを怠ってリストラされても、誰も助けてくれない。様々な分野において、グローバル化が進んでいる。和を重んじることに惑わされずに、徹底して自分の「売り」である強みの強化を忘れないようにしよう。そして和を乱すほどでない限り、存分に強みをアピールしよう。あなたを見ている人は必ずいる。

徹底して自分の強みを磨こう。

MESSAGE

ホームランを打ちたいから、そのための理論を知る。
そんな当たり前のことを
やっているだろうか？

各打者の打撃フォームで
下からバットを出したほうがフライにして遠くへ飛ばせたりする人もいれば、
レベルスイング[*1]でフライを打ったほうがいい打者、
ダウンスイング[*2]のほうがいい打者とそれぞれ。
そこが数字では表せない理論の部分でもあると思っています。

（「フライボール革命」を踏まえて、フライに関する打撃理論について語った言葉）

*1　ボールの軌道に対し、一直線の軌道を描くようにスイングすること

*2　ボールの軌道に対し、上からバットを振り下ろすようにして当てること

大谷にとって「ホームラン量産」は重要なテーマである。

そして、最近メジャーのホームラン数は明らかに増え続けている。2018年のメジャーの総ホームラン数は、6776本。これまでの記録は2017年シーズンの6105本だったから、これを671本も上回ったことになる。

その理由の一つは、「フライボール革命」にある。これは「ゴロを打ちにいくより、フライを打ち上げにいくほうが、よりヒットの確率が上がる」という打撃理論である。

この理論が広まった2017年から、MLBでは年々ホームランが増えていったが、その一方で、年間の三振数が増えるなどマイナス要素も懸念されている。

大谷は、そもそも、ゴロとかフライとかを意識していない。

とにかく、「〝いいフォーム〟で打てば、勝手にバレルゾーン（長打が出やすい打球角度と打球速度の範囲）に入ってホームランになる」という信念があり、そこを目指すから、ホームランを量産できる。

大谷のように、やるべきことをしっかり頭の中に叩き込んで、信念を持って行動しよう。

自分がやるべきことをしっかり頭の中に叩き込む。

MESSAGE

すべてを前向きに捉えはしない。だから困難にも冷静、的確に対処できる

そこ（ピンチのとき）はポジティブに考えようとは思っていない、
ということですね。
何事もバランスかなと思っているので、
いいこともあれば悪いこともある。
意識的にいいことを考えるのは大事かなと思いますけど、
常にポジティブでいようとは思っていません。

（ピンチのときに気持ちをポジティブに持っていく術《すべ》について語った言葉）

大谷の冷静さは、彼の優れた**「メタ認知力」**によって支えられていると、私は考えている。「メタ認知力」とは、一流のアスリートに備わっている冷静さを保持する重要な資質である。これは「自分が認知している物事を、もう一人の自分が客観的に認知して、精神を制御する能力」のことをいう。

何事もポジティブに捉えて前向きに生きることは、大切なことかもしれない。しかし、それだけでうまく立ち回れるほど世間は甘くない。この世の中は、うまくいくことよりも、うまくいかないことで満ちあふれている。

ポジティブ思考に偏《かたよ》りすぎると、よくないことが起こったとき、「こんなはずじゃなかった」と平常心を失い、さらなる深刻な事態に追い込まれてしまう。あるいは、楽観的に構えすぎて、必要な対策や準備を怠ってしまう。

大谷は、ポジティブばかりでもなく、ネガティブばかりでもなく、常にニュートラルな心理を維持しているから、どんな状況でも「想定内！」と構えていられるほどの準備ができている。つまり、ピンチはピンチとして捉えるから、落ち着いてバランスの取れた策を講じることができるのだ。

ポジティブな想定も、ネガティブな想定も両方しておく。

MESSAGE

ちょっと「ズルいところ」に目標を設定してみよう

（紙に）書くにあたっては、
期限と数字をしっかり入れるということが大事になってくるので。
それを書くことによって目標を明確化して、
いつまでにやらなければいけないということを
しっかりと考えながらやることができるので。
ぼんやりと思い描くよりは、（目標に）近づきやすいのかなと思います。

（高校時代に作成された「目標設定シート」の効果について語った言葉）

目標に数字と期限を入れる「数値化」には、モチベーションを上げる効果がある。たとえば、「ダイエットを実現する！」というメッセージでは、漠然としすぎていてあまりやる気になれない。

しかし、「1カ月後に3キロ減量する！」という具体的なメッセージなら、自然とモチベーションが上がる。モチベーションが上がれば、やる気の源となるドーパミンという神経伝達物質が脳内に多量に分泌されるのだ。

さらにドーパミンを多量に分泌させてやる気を最大化させるには、どうすればいいのだろう？

自分が実現できる究極の目標よりも、少しだけ難易度を落としたレベルに目標を設定することが、私たちのやる気を最大化させてくれる。

つまり、現実感のない目標より、細分化されて、手応えを感じられる目標のほうが、ワクワク感は増してくる。だから、あまり遠くばかりを見るのでなく、まず確実に実現できる目標を見つけよう。そうすればモチベーションは自然と上がってくる。

「確実につかめるところ」に、第一の目標を設定する。

MESSAGE

未来の大きな夢より、「今日」という日を最高に生きる

僕はそこについては、
一年一年、出し切ることを一番に考えています。
出し切ったうえで、
できる限りの体調管理をしながら長く続けるというのが、
僕がプロとして大事にしたいところですから。

（2021年シーズンに、二刀流を続けていくためのこだわりについて語った言葉）

大きな夢を叶えることは、とても難しい。

しかし、「自分の力を出し切る」ことなら可能である。そのためには、日々体調管理に心を配って、心身は最高の状態を維持しなければならない。

「結果を追い求めること」は大切だが、そのことに過剰反応すると一喜一憂する好ましくない心理状態に陥ってしまう。そのうえ、結果が出なかったときには落ち込んで挫折感を味わう羽目になる。一年単位で持てる力を目いっぱい発揮することに軸足を置いて、目の前の仕事を最高のものにすることに努めよう。

大谷はこんなことも語っている。

「選手としては『全試合出てくれ』と言われたいですし、ただ登坂前日だけは気持ちを作るために休んで、一年間ローテーションを守って、バッターとしては残りの試合に全部出られれば、それが理想です」（『Number』２０２１年９月24日号）

一日一日を完全燃焼させて、ベストを尽くす。これは大事なことである。

その日に「自分の力を出し切ること」に徹しよう。

MESSAGE

なぜここまで頑張れるのか？
困難想定の数が
「意志力」となる

自分で「これをやりたいな」と思うことには、
他人よりも頑張れる自信があります。

（自分のこだわりについて語った言葉　『道ひらく、海わたる　大谷翔平の素顔』佐々木亨〈扶桑社〉）

大谷は野球をやめたいと思ったこともなければ、練習を嫌だと思ったこともないという。自分が納得して決めたことを貫徹する意志の力がすごいのだ。

意志力は先天的なものではない。強い意志力を築き上げるまで粘り強い努力によって、自ら作り上げていくものだ。

心理学の本ではよく、「常にいいイメージを描きなさい」と述べられる。

しかし、人生いいことばかりではない。むしろ、よくないことのほうが多い。

だからこそ、あらかじめ何事にも紆余《うよ》曲折《きょくせつ》があるものだと想定して、長期戦で物事に取りかかる覚悟を持たねばならない。**困難はあらかじめ「あるもの」と考えておけば、よくないことに遭遇してもへこたれることなく、自分の望む未来へ進むための対策を練ることができる。**

人間は誰でも、それほど強いわけではない。だから何があっても心折れずに難局に立ち向かっていけるという人は、そう多くない。

心がそれほど強くないならば、「これならば大丈夫」「これでも大丈夫」と、勝利ルートを数多く作っておけばいいのだ。

最初から「うまくいく」なんて考えない。困難を想定しておく。

MESSAGE

やる前からあきらめてない？無理でもやってみる人に自己評価はついてくる

無理だと思わないことが一番大事だと思います。
無理だと思ったら終わりです。
まずやってみて、もしそこで限界がきたら、僕の実力はそこまでということ。
でも僕はやれることはすべてやりたいし、
取れるものはすべて取りたいという人なので、とにかくやってみたいんです。

（二刀流について普段考えていることを語った言葉）

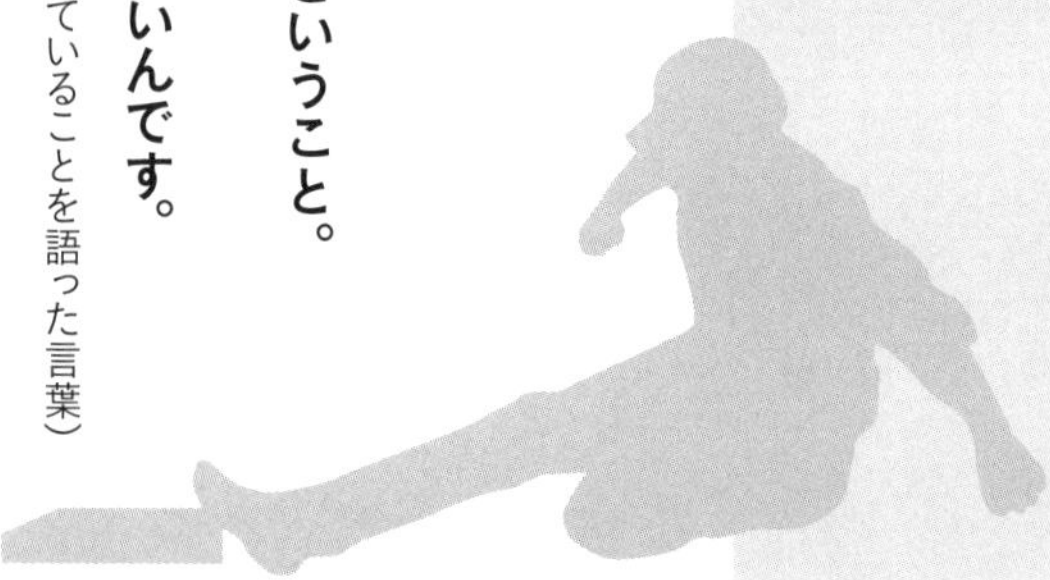

何かを達成したかったら、まず「自分には無理」という言葉は禁句だ。「自分ならやれる！」と、ファイトをむき出しにして行動を起こすこと。そして、チャレンジをやめないこと。その精神を貫こうとするなら、人生のかなりの部分は、チャレンジのための時間で占められていなければならない。

信念に基づいたチャレンジであれば、修羅場《しゅらば》をくぐることさえも楽しめる。

むしろ、なかなか手に入らない機会だからこそ、やりがいがあると考えることができる。ほとんどの人間が「これを手に入れることは到底不可能！」と考えてしまうことでも、大谷はチャレンジをやめない。そして実際に手に入れてしまう。

元メジャーリーガーの、イチローさんの次の言葉も、参考になるだろう。

「少し感覚を失ったときにどういう自分でいられるかなのです。苦しいですが、あきらめない姿勢があれば、何かをつかむきっかけになります」

結局、チャレンジを続けて「自分をどれだけ納得させることができたか？」という評価基準が、あなたの人生の充実度を決定するのだ。

チャレンジすることで自分を納得させよう。

MESSAGE

「自己満足」という
ゴールを目指してもいい！

人に評価される職業なので、もちろん数字や成績も大事だけど、
そのためにはやりません。
ある意味、自己満足のためにやっています。
僕が、「そういうプレーヤーになりたい」
「そこのレベルに行きたい」「そういう人たちと勝負してみたい」。
そのためにやっているんです。

（個人成績やタイトルにことさらこだわらない理由を尋ねられて答えた言葉）

大谷は、野球がうまくなるための行動が楽しくて仕方ないという。

そのモチベーションの秘密は、なんだろうか？

心理学者のE・E・ローラーは、モチベーションは「努力」「成果」「報酬」「満足感」という四つの要素で構成されていると結論づけた。

つまり、人は「努力」することで「成果」をあげ、その対価として「報酬」を得る。もし、努力しても成果があがらなければ、努力という最初のステップに戻って再チャレンジを試みる。

あるいは、努力して成果があがっても、期待した報酬が獲得できなければまた最初の努力に戻り、期待した報酬が得られなかった理由を考え、納得し、再度最初のステップに戻って努力を重ねることができる。

そして、一流のアスリートたちが、たとえ莫大な金銭的報酬を獲得していても飽くことなく努力を重ねられるのは、金銭的報酬とは別次元の「自分を満足させたい」という強烈な欲望があるからだ。

172ページの言葉で大谷は、自分が定めたゴールのことを**「自己満足」**と言っている。

この思いが、大谷はほかの選手に比べて非常に強い。

「努力」→「成果」→「報酬」というサイクルを繰り返すことで、最終的に私たちは「満足感」というゴールに到達できる。

「努力」→「成果」→「報酬」のサイクルを回す。

8章

大谷だって落ち込む！
そんなときは、気持ちを切り替える練習！

よくない結果こそ大チャンス！
大谷流「失敗を成長につなげる法」

OHTANI

無駄な試合とか無駄な練習っていうのは、ないかなと思っているので。
頑張って何年続けても結果が出ないという練習の仕方っていうのは
確実にあると思うんですけど、
それを失敗だと気づいて違うことに取り組めば、そこで1個発見があって、
それがどんどん成功につながっていくのかなと思うので。
僕自身まだ成功したとは思ってないですし、
むしろ失敗と成功を繰り返している段階なんです。

（失敗と成功の捉え方について語った言葉）

大谷は、結果を未来の成長にうまく結びつけていくアスリートである。

「何事も結果がすべて」の世界である。しかし結果とは、すべて過去の遺物なのだ。だから失敗を嘆いても仕方がないし、それを変えることもまったく不可能である。

いい結果から「学ぶこと」は、あまり期待できない。むしろ大谷は、よくない結果からその理由を突き止めて、未来の成長につなげている。よくない結果の中に飛躍のヒントが眠っていることに、私たちも気づく必要があるだろう。

勝利という結果にばかりこだわれば、うまくいかなかったときの落胆や失意ばかりが大きくなってしまう。成功しようが失敗しようが、結果を冷静に受け止めて、その原因を深く探り、未来の成長に結びつければいいのだ。

大谷のこの考え方は、とても示唆に富んでいる。

よくない結果をうまく成長に結びつけよう。

大舞台の前にビビってしまうのは、成功の予兆と捉えよう

OHTANI

投げるときは（緊張）しますね、
でも打つときは緊張したことないです、ほぼ。
投げるのはそのピッチャーのせいで試合が終わったりするので。
バッターは初回で失敗しても守備で取り返したりとか、
次のチャンスで挽回できたりするけれど、
ピッチャーはそのピッチャーのせい、おかげになってしまうので、
その重要性を感じると緊張します。

（「試合のとき緊張するか？　あるいはリラックスしているか？」という質問への答え）

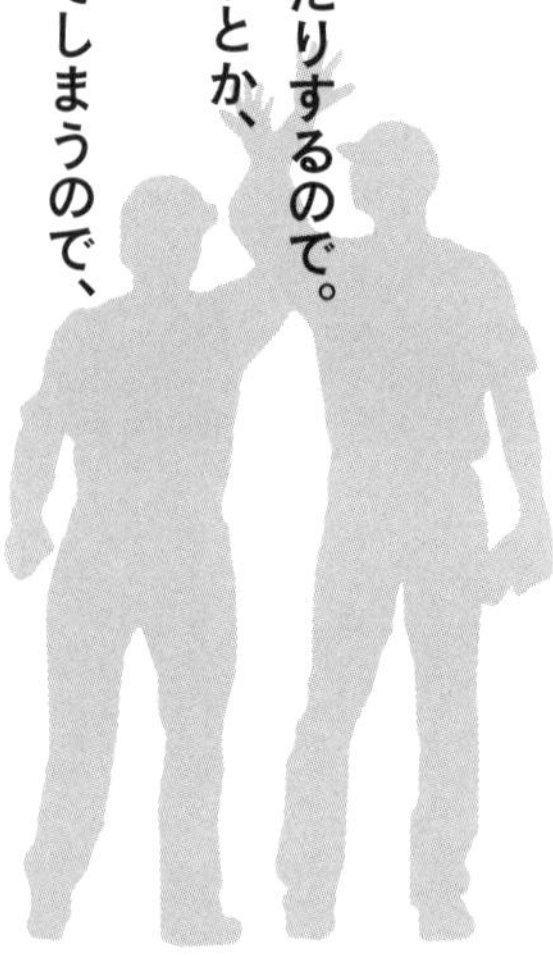

大谷の緊張に対する捉え方は、とても興味深い。

同じ状況でも、緊張するか、しないかには個人差がある。

野球の場合、出場する9人の役割を考えた場合、投手の責任は明らかに打者よりも重い。だから大谷が投手で感じる緊張のほうが大きいというのは理解できる。

私のスポーツ心理学の師匠であるジム・レーヤー博士はこう語っている。

「ビビるというのは完璧にノーマルで自然な反応で、個人の弱点やもろさが反映されているわけではまったくない。それどころか、ビビるのはアーチェリーの的でいえば中心に近づいていることを意味し、たいていの場合、勇敢さという素晴らしい感情を育みつつあるシグナルである」（『スポーツマンのためのメンタル・タフネス』ジム・レーヤー著、スキャンコミュニケーションズ訳〈阪急コミュニケーションズ〉）

緊張の典型的なシグナルであるビビりも、すごいパフォーマンスを発揮する予兆であると考えて、その緊張を感じることを楽しみながら、ベストを尽くそう。そうすれば、あなたもすごいパフォーマンスを発揮できるようになる。


緊張を感じることを楽しめれば一人前。

OHTANI

大谷だって落ち込む。ただ、立ち直り方は心得ている！

負けた日はそうですし、1週間、2週間はやっぱり落ち込みますね。（中略）それをどうやって次につなげるかっていうのが、大事かなと思います。

（「失敗や挫折をどのようにして乗り越えてきたか？」という質問に答えて）

この言葉を知れば、私たちも「大谷選手も人の子なんだな」と思えて、ホッとする。百戦錬磨の大谷でも落ち込むことがあるんだ——。

調子が出ないとき、成績が振るわないとき、私たちは落ち込んでしまい、行動を止めてしまうことがある。大谷も落ち込むところまでは私たちと同じだ。でも、彼は落ち込んでも行動を止めず、次なるチャレンジのための準備を進める。

カリフォルニア大学のサルバドーレ・マディ博士が会社をリストラされたビジネスパーソンを対象にした調査を行ない、どのような人物が落ち込むような状況からすぐ立ち直ったかを調査した。その結果、以下の三つの共通点を見出した。

①自分の置かれた立場で最善を尽くす人
②自分にはよい結果を導く力があると信じている人
③困難な問題を解決しようとするチャレンジ精神がある人

自分はクヨクヨ落ち込みがちだと自覚しているなら、今からこのような行動様式を心がけよう。そうすれば、すぐに立ち直って見事にカムバックできるようになる。

落ち込みから立ち直る思考法を知っておこう。

OHTANI

くよくよしていい。落ち込みの沼の中でも一歩踏み出せればいい

よかった試合より、失敗してしまった試合のほうが心に残るんです。

（心に残る試合について語った言葉）

うまくいかないことは誰にでも起こる。

そんなとき、モヤモヤした落ち込みの感情が湧いてきたり、ネガティブな気持ちになったりすることは、誰にでもある。大谷だってそうだ。

成功するためには、「落ち込んではいけない」「四六時中ポジティブでなければいけない」などと誤解している人がいるが、それは違う。

落ち込んでしまうことがあってもいい。まずは、ありのままの自分の気持ちを認めよう。

大谷は、自分の性格について**「僕はマイナス思考なんです」**と語っていたことさえある。本人は、自分のことをマイナス思考だと捉えているが、実は、うまくいかないときも、しっかりと現実を直視して、改善のための行動を起こせる人は、真の楽観主義者だ。「うまくいかないことから目をそらさない」という思考パターンを持ち合わせているだけで、それは逆境耐性が高いことの証《あかし》でもある。

悪いときの、ああでもないこうでもないという迷いと葛藤。これから逃げずに受け止めてこそ、悪いときの進化を育む土壌となる。

泥まみれになるほど逆境耐性は高まる。

悔しさを経験しなければ味わえない感動がある、成長がある

OHTANI

悔しい経験がないと
嬉しい経験もないということを
あのとき、知ることができました。

（水沢南中学校時代に全国大会に出場したことを振り返って）

大谷は小学校5年生から、中学1年生にかけての約3年間、水沢リトルリーグに所属していたが、結局、小学校5年生と6年生の2年間は、地区大会で敗れて全国大会に行けなかった。しかし、チーム最終年の中学1年生のときに主将として戦った地区大会で優勝して全国大会に駒を進め、見事ベスト16に入った。

右ページの言葉は、最初の2年に味わった悔しさと、最終年の嬉しさを対比して語ったものである。最後の年で味わった嬉しさは、その前の2年間に味わった悔しさによって、より強烈なものになったのだ。

和英辞典で「失敗」を引くと「mistake」（ミステーク）となる。しかし、少なくとも〝人生における失敗〟を英訳するときは、「challenge」（チャレンジ）とすべきだろう。勇気を持って行動に移したことは、挑戦にほかならない。

著名な心理学者のマーティン・セリグマン博士はこう言っている。

「楽観と悲観とは、成功と失敗を、自分自身がどう解釈するかにある」

失敗という悔しさを糧に、日々チャレンジし続けたからこそ、現在の大谷がある。

チャレンジすることで次の推進力を得よう。

ゲームが面白いのはなぜか？
クリアする難しさは楽しさにつながる

どうしてできないんだろうと考えることはあっても、
これは無理、絶対にできないといった限界を感じたことは一度もありません。
今は難しくても、そのうち乗り越えられる、
もっともっとよくなるという確信がありましたし、
そのための練習は楽しかったです。

（「入団1年目に考えていたこと」について語った言葉）

入団1年目のシーズンの大谷の成績は、ピッチャーとして3勝0敗、防御率4・23。バッターとしては、189打数45安打、3本塁打、打率2割3分8厘。この成績を見ても、ルーキーイヤーは大谷にとって不完全燃焼の年だったといえる。

しかし、このシーズンがあったからこそ、彼はそれ以降着実に成長することができたのだ。


自分の力では乗り越えることができそうもない高い壁にぶつかったとき、人は必死になって逃げ道を探しにかかる。しかし、大谷は違う。その高い壁を乗り越えようと挑戦することが、新たな才能を開花させる切り札であることを彼は知っている。

真の自信はうまくいったときではなく、逆境を乗り越えたときにしか身につかない。

困難な状況に直面しても、ベストを尽くそう。逆境を乗り越える道をあれこれ模索して見つけることを、ゲームのように楽しもう。

この姿勢が、あなたに新しい才能を授けてくれる。


自信は、逆境を乗り越えた自分へのご褒美。

気持ちを切り替えるヒントが潜む、アナザーワールドへ探検に行こう

けっこう、落ち込んで引きずるタイプなんです。
（スランプのときには）
書籍、映画、会話……どこかにヒントはないか。
そうやってメンタルを切り替えるためのきっかけを
常に求めている部分はあるかもしれません。

（「自分の性格」について語った言葉）

スポーツ心理学において、気持ちを切り替えるスキルはとても大切なもの。**よくないことはもちろん、よいことすらも潔く捨てていく。いつまでもいい気分に浸《ひた》っていては進歩がないからだ。**

そうやって気持ちを切り替えていけば、アスリートにとって一番大事な「現在」という瞬間に意識を集中させることができる。

メジャーリーガーの膨大なコメント分析を行なった、ある心理学者の報告を紹介しよう。

ナショナル・リーグで、統計的に楽観的と分類されたチームは、前年の勝率を上回った。これに対し、悲観的と分類されたチームは前年を下回った。

また、楽観的だったチームは、プレッシャーのかかる場面で好打率をあげ、逆に悲観的だったチームは、プレッシャーのかかる場面では惨憺《さんたん》たる結果に終わった。

楽観的なチームにも、もちろんスランプは訪れる。しかし、切り替えが早いので、次の試合まで引きずらない。それがよい結果につながるのだ。

大谷も、気持ちの切り替えの大切さを熟知している。

引きずるタイプだとしても、意識して切り替えることができれば、まったく問題ないのだ。そのことを、大谷の輝かしい実績が証明してくれている。

落ち込んでも、気持ちの切り替えさえできれば問題はない。

9章

ヒーローは、休み時間を楽しんでいる

SHOHEI

「食べる楽しみ」を存分に味わってる？

ささやかな幸せ……。
最近、それを感じたのは、
1週間の減量を終えて最初の白米を食べたときです。
あれはけっこう感動しました。
たった1週間なんですけどね。卵かけごはんです。
冗談抜きで幸せを感じました。

（2020年のシーズン開幕前に、幸せを感じたことに触れて）

食事をバカにしてはいけない。

「おいしい！」という快感を獲得できれば、私たちは幸福感を得られる。自分にとってうまいものを食べることにより、簡単に幸福感を味わえる。

スポーツ心理学の権威であるジム・レーヤー博士は、こう語っている。

「選手の多くは回復のための極めて重要な機会を十分に生かし切れていない。競技以外の場でも、やはり睡眠、食事、気晴らし、休養、休暇などによって回復をはかることが重要である」（『スポーツマンのためのメンタル・タフネス』ジム・レーヤー著、スキャンコミュニケーションズ訳〈阪急コミュニケーションズ〉）

レーヤー博士は、「オンタイム」に全力で試合や練習に精を出すアスリートは多いが、「オフタイム」に注意を払って回復に積極的なアスリートは、それほど多くないと警鐘を鳴らす。

あなたにとって、幸福感を満たしてくれる「回復の具体策」はなんだろう？

積極的に「回復」に努めれば、リフレッシュして肝心の仕事で成果をあげることができるようになる。

「回復」の時間を大切にしよう。

SHOHEI

何を食べるといいのかさえも、いろいろ試して楽しんでみよう！

栄養素でいうと、
たとえばオートミール、白米、玄米、パスタがあったとして、
その人に合う炭水化物があるので、それをいろいろ試しています。
美味しいかどうかではなくて、筋肉の張り感とか
体重の変化とかを見ながら、長期間、
主食をオートミールに置き換えたらどうなるのかなとか、
食事でそういう実験をしています。

（「食事は作っていますか？」という質問に答えて）

「体調管理」は現代人にとって、良質の仕事をするために案外見過ごされている要素である。なかでも、「食事」は体作りだけでなく、体調を整えるうえで重要な役割を果たしてくれる。

あなたは、あなたが食べたものでできている。日々の集中力やスタミナにも、ストレス耐性といったメンタルヘルスにさえも、食べたものは影響する。

パフォーマンスを上げるために、何を体の中に入れるか、そこまで気をつかっているだろうか？

右ページの言葉からは、メジャーリーガーとして最高のパフォーマンスを発揮するための体型作りに、大谷がいかに気をつけているかがよくわかる。

テニスプレーヤーのノバク・ジョコビッチも、伸び悩んでいた当時、食事を自身の体質に合わせたグルテンフリーのものに変えてから、２０１１年に飛躍を遂げ、三つのグランドスラム大会制覇を果たした。

「食事」に加えて、大谷は「睡眠」も体調作りにとって大切な要素であると認識している。大谷はこう語っている。

「トレーニングが終わって、夕方の時間帯って何もなければ寝る人なので、その時間に寝ると、夜中の2時とか3時に起きちゃうんです。そういうときに、あれっ、ヒマだなって。何しようかなってなりますね」（「NumberWeb」２０２０年5月7日配信）

ついついスマホをダラダラと見て、睡眠不足を重ねてしまう……なんてことのないよう、食事、睡眠、休息などに関心を持って、「体調管理」に努めよう。

昼間にストレスを抱えて疲労困憊《こんぱい》しても、仕事を終えて翌朝までに最大限の体調管理に心配りができたら、翌日には最高の体調を維持して完全燃焼できる。

普段から、徹底して自分の身体を最高のコンディションにもっていくことに努めよう。これこそ、私たちが大谷から学べる、パフォーマンスを目いっぱい発揮する基本要素である。

「体調」もいろいろ楽しみながら整えてみよう。

SHOHEI

やる気が落ちてきた！だったら、これを思い出してニヤニヤしよう

最近はオフシーズンになったら何をしようかなって、そればっかりを考えています。何も決まってないし、何も浮かんでこないんですけど（笑）、何をしようかなって考えているときは幸せですね。

（2021年シーズンに、「今幸せに感じること」について語った言葉）

仕事は辛い。

大谷にとっても、メジャーでの連戦は決して楽な仕事ではない。大谷自身は、自分はあまりストレスを感じないタイプだというが、二刀流で戦っている彼の心身への見えないストレスは、並たいていのものではない。

大谷はストレスを感じないのではなく、おそらく、ストレスとなる前にうまく発散したり逃がしたりすることができるのだろう。

ところで、あなたは飛行機のコックピットの中に入ったことがあるだろうか？

操縦席の前はもちろん、その周囲には、数え切れないほどたくさんのボタンやスイッチが並んでいる。

もしも、機長が副操縦士に、「このボタンは、なんのボタンだっけ？」と質問しているシーンを見たとしたら、あなたは、その飛行機に乗りたくはないだろう。

実は、私たちの多くが自分の人生において、この機長のように、自分を正しく行動させるための「ストレス解消ボタン」や「やる気ボタン」が、どこにあるのかわからないままに人生を送っている。

大谷の「やる気ボタン」のうちの一つは、**「オフシーズンの楽しさを想像するこ**

と」であることは間違いない。

あなたにとって仕事が一段落したら、あなたの一番やりたいことはなんだろう。

それが見つかったら、休みが待ち遠しくなるよう、リアルにイメージする習慣をつけよう。目の前の仕事に没頭するためのエネルギーの源となるはずだ。

オフの楽しさを想像する習慣を身につけよう。

SHOHEI

いい結果を出したいなら、「寝る間を惜しむ」のはいけない！

（大事なのは）睡眠ですね。
今は10時とか10時半とか、トレーニングをやった日には寝ますね。
その日にすごい死ぬ気で頑張ったトレーニング（の成果）が
返ってくる割合を、なるべく100％にしたいなって感じですね。

（「競技以外の部分で大事にしている時間は？」という質問に答えて）

大谷に限らずアスリートにとって、睡眠はそのパフォーマンスに大きな影響を与え、食事と同等に大事だといえるだろう。

もちろん、アスリートだけではなく、ビジネスパーソンにとっても良質な睡眠を取ることは、仕事のパフォーマンスを高めるうえで必須の要素である。

ペンシルベニア大学とワシントン大学による研究では、**「6時間睡眠を2週間続けると、48時間徹夜したのと同程度の認知機能まで低下した」**という事実が判明している。当たり前のことではあるが、睡眠不足の状態で注意力をテストすれば、普段の何倍もケアレスミスが多くなる。たっぷり、気持ちいい睡眠を取ろう。

それでは、良質の睡眠を取るための具体策とはなんだろう？

まず「朝の散歩」である。朝の散歩は、良質な睡眠を取るために不可欠なセロトニンの分泌を促し、体内時計をリセットしてその日の活動を最大化してくれる。

眠る2時間前のスマホは御法度《ごはっと》。スマホのブルーライトが睡眠に悪影響を与えるからだ。睡眠前の2時間はリラックスして、交感神経から副交感神経優位に切り替えよう。これこそ、良質の睡眠を手に入れる必須の要素である。

良質の睡眠を最優先で確保しよう。

細かいルールや指示を疑問に思うときは？

ストレスを感じるタイプでもないし
外に出たい欲求にかられるわけじゃない。
僕は一人でいる時間もけっこう好きで、
マイペースな性格なので苦痛でもないんです。
得な性格かも。

（入団した2013年シーズン、外出する際、栗山監督に電話で報告するルールがあったことに触れて）

たとえば上司から、「そんなバカなやり方は今すぐ軌道修正したほうがいいよ」と言われたとき、あなたならどう感じるだろうか？

「人のことをバカ扱いするなんて、許せない！」と腹を立てるだろうか。

言葉の表面だけしか捉えていないと、こうした短絡的な反応を起こしがちである。

でもここで一歩踏みとどまって、相手の言葉の裏にある真意を汲み取ろうとすると、「上司は自分のことを思って厳しく指導をしてくれている」と、ポジティブな発想ができる。

実は大谷は、右ページの言葉の前にこう言っている。

「嫌だとは思いません。監督が僕を思って、野球に集中できる環境でやらせたいのだとか、意図を汲み取ればいいんです」

社会のルールにしても、なぜそうしたルールができたのか、そのバックグラウンドを慮《おもんぱか》るなら、ただの窮屈な束縛という受け取り方とは違ってくる。

ルールがあるからこそ自分たちは守られている、ルールを守ることが自分を守ることにつながる、と建設的な発想ができるようになるのだ。

物事のバックグラウンドを想像してみる。

SHOHEI

普段とまったく違う〝異世界〟に飛び込んで「オフ」を満喫

登板の日は、
午前中に必ず映画を1本見てリラックスします。

（気分転換の方法について語った言葉）

オフをうまく使った「回復」こそ、アスリートのみならず、すべての人間にとって良質の成果をもたらすサプリメントとなる。

大谷は、とても巧みに「オン」と「オフ」を切り替えている。オンタイムに私たちはエネルギーを消費する。そして、そのエネルギーを補給するのがオフタイムだ。

誰しも、蓄えた以上のエネルギーを消費することはできない。つまり、良質の仕事をしたかったら、オフタイムには仕事を忘れて、趣味や運動に没頭したり、スポーツ観戦やコンサートといったイベントに興じたりして、目いっぱいリラックスしよう。そうすれば案外簡単にエネルギーをため込むことができる。

自分を車にたとえてみよう。左側のタイヤがオンタイム、右側のタイヤがオフタイム。目的地まで直進するのに、左右どちらのタイヤが重要だろうか?

当然、両輪だ。

オフタイムを充実させて精いっぱい回復に努めよう。それこそ人生の快適なドライブを約束する切り札なのだ。

オフタイムには、異世界に飛び込んでリフレッシュしよう。

投球回	奪三振	防御率
61.2	46	4.23
155.1	179	2.61
160.2	196	2.24
140	174	1.86
25.1	29	3.20
51.2	63	3.31
1.2	3	37.80
130.1	156	3.18

2019年は打者に専念

安打	本塁打	打点	盗塁	打率
45	3	20	4	0.238
58	10	31	1	0.274
22	5	17	1	0.202
104	22	67	7	0.322
67	8	31	0	0.332
93	22	61	10	0.285
110	18	62	12	0.286
29	7	24	7	0.190
138	46	100	26	0.257

大谷翔平選手の成績

投手成績

年度	登板	勝利	敗戦	勝率
2013 年	13	3	0	1.000
2014 年	24	11	4	0.733
2015 年	22	15	5	0.750
2016 年	21	10	4	0.714
2017 年	5	3	2	0.600
2018 年	10	4	2	0.667
2019 年				
2020 年	2	0	1	0
2021 年	23	9	2	0.818

打者成績

年度	試合	打席	打数	得点
2013 年	77	204	189	14
2014 年	87	234	212	32
2015 年	70	119	109	15
2016 年	104	382	323	65
2017 年	65	231	202	24
2018 年	104	367	326	59
2019 年	106	425	384	51
2020 年	44	175	153	23
2021 年	155	639	537	103

大谷翔平選手の主な受賞歴

（2021年11月19日現在）

NPB

最優秀選手：1回（2016年）
ベストナイン：3回（投手部門：2015年、2016年／指名打者部門：2016年）
※2016年は史上初の投手部門と野手部門の同時受賞
月間MVP：3回（投手部門：2015年3、4月、2016年6月）
最優秀バッテリー賞：1回（2015年 捕手：大野奨太）
ジョージア魂賞　年間大賞：1回（2014年）
ジョージア魂賞　Bi-weekly賞：1回（2014年度第2回、4月下期）
札幌ドームMVP：2回（野球部門：2015年、2016年）
セ・パ交流戦 日本生命賞：1回（2016年）
オールスターゲームMVP：1回（2016年第2戦）※指名打者として
オールスターゲーム敢闘選手賞：1回（2013年第3戦）※右翼手として
オールスターゲーム SKYACTIV TECHNOLOGY賞：1回（2013年）※右翼手として
報知プロスポーツ大賞：2回（2014年、2016年）
日本プロスポーツ大賞：2回（2016年、2018年）
速玉賞（2014年）

MLB

新人王（2018年）※アジア人4人目、日本人4人目
月間MVP：2回（野手部門：2021年6月、7月）※日本人3人目、複数回受賞は日本人野手初
週間MVP：4回（2018年4月2日〜4月8日、2018年9月3日〜9月9日、2021年6月14日〜6月20日、2021年6月28日〜7月4日）
ルーキー・オブ・ザ・マンス：2回（2018年4月、2018年9月）
ロサンゼルス・エンゼルス最優秀選手賞：1回（2021年）
ニック・エイデンハート最優秀投手賞：1回（2021年）
毎日スポーツ人賞 グランプリ（2018年）
ビッグスポーツ賞 テレビ朝日スポーツ放送大賞（2018年）
ESPY賞「ベストMLB選手」部門（2021年）
コミッショナー特別表彰（2021年）※日本人として2人目
プレーヤーズ・チョイス賞「年間最優秀選手賞」「ア・リーグ最優秀野手賞」（2021年）
※両部門ダブル受賞はのべ10人目。※年間最優秀選手賞は日本人として初　※ア・リーグ最優秀野手賞は日本人として2人目
ア・リーグMVp（2021年）※日本人として2人目

国際大会

WBSCプレミア12・ベストナイン：1回（先発投手部門：2015年）

●主な参考文献

朝日新聞／日経電子版／スポーツニッポン／『速報 大谷翔平 二刀流ＡＬＬ ＳＴＡＲ ＧＡＭＥ』（サンケイスポーツ特別版）／北海道日本ハムファイターズ オフィシャルホームページ／日本スポーツ振興センター オフィシャルホームページ／web Sportiva／@nifty ニュース／／JIJI.COM／Number Web／週刊ベースボール ONLINE／ベースボールチャンネル／アスリート育成パスウェイ（日本スポーツ振興センター）／Full-Count／SPREAD（デサントジャパン）／J SPORTS コラム&ニュース／『週刊朝日』（朝日新聞出版）／『週刊現代』（講談社）／『文藝春秋』（文藝春秋）／『週刊ベースボール』（ベースボール・マガジン社）／『Number』（文藝春秋）／『Number PLUS』（文藝春秋）／『道ひらく、海わたる 大谷翔平の素顔』佐々木亨（扶桑社）／『大谷翔平 二刀流の軌跡』ジェイ・パリス著、関麻衣子訳（辰巳出版）／『大谷翔平 二刀流 その軌跡と挑戦』週刊ＳＰＡ!編集部著（扶桑社）／『大谷翔平 北海道日本ハムファイターズ』（ベースボール・マガジン社）／『伝える。』栗山英樹著（ＫＫベストセラーズ）／『覚悟 理論派新人監督は、なぜ理論を捨てたのか』栗山英樹著（ＫＫベストセラーズ）／『信じる力と伝える力 日ハム栗山監督に学ぶ新時代のリーダー論』児玉光雄著（二見書房）／『これからのリーダーが「志すべきこと」を教えよう』ジョン・Ｃ・マクスウェル著、渡邉美樹監訳（三笠書房）／『ジャック・キャンフィールドの「引き寄せの法則」を生かす鍵』ジャック・キャンフィールド、Ｄ.Ｄ.ワトキンス著、菅靖彦訳（ＰＨＰ研究所）／『ポジティブ心理学入門』クリストファー・ピーターソン著、宇野カオリ訳（春秋社）／『仕事と幸福、そして、人生について』ジョシュア・ハルバースタム著、桜田直美訳（ディスカヴァー・トゥエンティワン）／『任せる技術』小倉広著（日本経済新聞出版）／『働くみんなのモティベーション論』金井壽宏著（ＮＴＴ出版）／『不可能を可能にする大谷翔平１２０の思考』大谷翔平著（ぴあ）／『別冊カドカワ 総力特集 大谷翔平』（ＫＡＤＯＫＡＷＡ）／『週刊ＳＰＡ!』（扶桑社）／『ＤＩＭＥ』（小学館）／『Quick Japan』（太田出版）／『Tarzan』（マガジンハウス）／『プロ野球ai』（日刊スポーツ出版社／ミライカナイ）『大谷翔平野球 翔年Ｉ 日本編２０１３-２０１８』石田雄太著（文藝春秋）／『仕事も人生もうまくいく！ 図解９マス思考 マンダラチャート』松岡剛志著（青春出版社）／『超一流になるのは才能か努力か？』アンダース・エリクソン、ロバート・プール著、土方奈美訳（文藝春秋）／『究極の鍛錬』ジョフ・コルヴァン著、米田隆訳（サンマーク出版）／『スポーツマンのためのメンタルタフネス』ジム・Ｅ・レーヤー著、スキャンコミュニケーションズ訳（阪急コミュニケーションズ）／『減らす技術』レオ・バボータ著（ディスカヴァー・トゥエンティワン）／『大事なことに集中する』カル・ニューポート著、門田美鈴訳（ダイヤモンド社）

大谷翔平《おおたにしょうへい》
勇気《ゆうき》をくれるメッセージ80

著　者――児玉光雄（こだま・みつお）
発行者――押鐘太陽
発行所――株式会社三笠書房
〒102-0072 東京都千代田区飯田橋3-3-1
電話：(03)5226-5734（営業部）
：(03)5226-5731（編集部）
https://www.mikasashobo.co.jp
印　刷――誠宏印刷
製　本――若林製本工場

ISBN978-4-8379-2882-9 C0030